Freud – mas por que tanto ódio?

Transmissão da Psicanálise
diretor: Marco Antonio Coutinho Jorge

Elisabeth Roudinesco

Freud – mas por que tanto ódio?

Tradução:
André Telles

Revisão técnica:
Marco Antonio Coutinho Jorge
Programa de Pós-graduação em Psicanálise, Instituto de Psicologia/Uerj

ZAHAR

Título original:
Mais pourquoi tant de haine?

Tradução autorizada da primeira edição francesa,
publicada em 2010 por Éditions du Seuil,
de Paris, França

rua Marquês de S. Vicente 99 – 1º | 22451-041 Rio de Janeiro, RJ
tel (21) 2529-4750 | fax (21) 2529-4787
editora@zahar.com.br | www.zahar.com.br

Cet ouvrage, publié dans le cadre du Programme d'Aide à la Publication 2011
Carlos Drummond de Andrade de la Médiathèque de la Maison de France, a bénéficié
du soutien de l'ambassade de France au Brésil et de l'Institut Français.

Este livro, publicado no âmbito do Programa de Apoio à Publicação 2011
Carlos Drummond de Andrade da Mediateca da Maison de France, contou
com o apoio da Embaixada da França no Brasil e do Institut Français.

Liberté • Égalité • Fraternité
RÉPUBLIQUE FRANÇAISE

MÉDIATHÈQUE
MaisondeFrance

Grafia atualizada respeitando o novo
Acordo Ortográfico da Língua Portuguesa

Revisão: Eduardo Farias, Joana Milli
Capa: Sérgio Campante | Foto da capa: © Bettman/CORBIS
Composição: Letra e Imagem

CIP-Brasil. Catalogação na fonte
Sindicato Nacional dos Editores de Livros, RJ

Roudinesco, Elisabeth, 1954-
R765f Freud – mas por que tanto ódio? / Elisabeth Roudinesco; tradução André Telles; revisão técnica Marco Antonio Coutinho Jorge. – Rio de Janeiro: Zahar, 2011.

(Transmissão da psicanálise)

Tradução de: Mais pourquoi tant de haine?
ISBN 978-85-378-0718-7

1. Freud, Sigmund, 1856-1939. 2. Onfray, Michel, 1959-. 3. Ódio. 4. Psicanálise. I. Título. II. Série.

CDD: 150.1952
11-4017 CDU: 159.964.2

Sumário

Apresentação 7

I. Mas por que tanto ódio? 11

II. Uma velha história 41

III. História de um boato: o "caso" de Freud com a cunhada 51

IV. Outras vozes 65

1. Onfray ou a fraude 67
   Guillaume Mazeau

2. O homem da flor de cimento 76
   Christian Godin

3. As ligações perigosas de Michel Onfray 79
   Franck Lelièvre

4. Um golpe de esperteza 84
   Pierre Delion

5. Filosofia do ressentimento, sociedade do espetáculo 89
   Roland Gori

Apresentação

A história do ódio em relação a Freud é tão antiga quanto a da psicanálise. Ninguém toca impunemente no sexo, no segredo da intimidade, nos assuntos de família, na pulsão de morte e na barbárie dos regimes que escravizam mulheres, homossexuais, marginais e anormais sem pagar um preço por isso.

E é justamente essa a razão pela qual o sucesso obtido pela psicanálise no mundo traduziu-se por ataques incessantes: "ciência judaica" para os nazistas; "ciência burguesa" para os stalinistas; "ciência satânica" para os movimentos religiosos radicais; "ciência degenerada" para a extrema-direita francesa; "falsa ciência" para os cientistas; "ciência fascista" forjada por um vienense ganancioso e perverso para os adeptos da escola "revisionista" norte-americana. Essas ofensas nada têm a ver com a necessária crítica ao dogmatismo dos profissionais do inconsciente e seus grupelhos, ou mesmo à própria teoria freudiana, que em hipótese alguma deve ser vista como um *corpus* sagrado.

Mas o ódio em estado puro e sem nenhum outro fundamento senão a negação da realidade é coisa bem diferente. Convém lutar? Calar? A questão divide a comunidade científica, que muitas vezes se deixa seduzir pela fúria que suscita em seus detratores. Provavelmente porque seus representantes, imersos em trabalhos, colóquios e reuniões entre especialistas, tornaram-se, erradamente, indiferentes àquilo que veem, com desdém, como literatura de sarjeta.

De minha parte, sempre achei que jamais devemos silenciar quando o excesso de paixão e seu cortejo de danos ameaçam dificultar as condições do autêntico debate crítico. Ora, este é o caso, de uns vinte anos para cá, dessa série de panfletos estranhos escritos por autores cujos textos ressentidos não pertencem ao âmbito da tradição acadêmica e são incensados por uma mídia cada vez mais submissa à pressão do mercado.

Um panfleto delirante, o de Michel Onfray, vem mais uma vez incitar o ódio dirigido não apenas a Freud, tratado como impostor e ídolo a ser abatido, mas a todos os saberes constituídos.

Diante desse desvirtuamento que o poder das redes de internautas me permitiu combater, e que as mídias mais sérias, em seu conjunto, não subscreveram, fiz questão de juntar à minha própria análise contribuições oriundas justamente daqueles que se sentem interpelados, há anos, por aquele que se apresenta como o detentor dos saberes recalcados ou ocultados pela República. Eles provêm de horizontes diversos, e será muito difícil enxergar neles representantes do mundo "*quartier latin*", expressão mais do que detestável que serve de cabide a todas as formas de desvalorização do pensamento. Todos são professores – na universidade ou no secundário – e quatro exercem a profissão fora de Paris: Caen, Lille, Marselha, Clermont-Ferrand. Agradeço-lhes por me haverem confiado suas contribuições.

De minha parte, e levando em conta a importância que ganhou na França o rumor de um Freud incestuoso, admirador de Hitler e Mussolini, fiz questão de insistir na gênese deste episódio escuso: como se forjou a lenda de um Freud violentando a cunhada para estimular em seguida a perseguição de seu próprio povo justamente no momento em que seus livros eram queimados pelos nazistas?

Este dossiê dá sequência, de certa forma, ao que publiquei em 2005 sob o título *Pourquoi tant de haine? Anatomie du "Livre noir de la psychanalyse"* (Navarin),[1] com Pierre Delion, Roland Gori, Jack Ralite e Jean-Pierre Sueur. Visa, fundamentalmente, aprofundar a compreensão das razões pelas quais a obra freudiana continua a suscitar tais paixões.

[1] Textos parcialmente reproduzidos em Elisabeth Roudinesco, *Em defesa da psicanálise*, Rio de Janeiro, Zahar, 2010. (N.E.)

1. Mas por que tanto ódio?

Num panfleto apinhado de erros e atravessado por rumores,[1] Michel Onfray, que ignora tudo acerca dos trabalhos produzidos nos últimos quarenta anos pelos historiadores de Freud e da psicanálise, apresenta-se como um psicobiógrafo de Freud, o único capaz de decodificar certas lendas douradas, não obstante invalidadas há décadas. Dedicando-se a discernir pretensas verdades que teriam sido dissimuladas pela sociedade ocidental – dominada, por sua vez, pela ditadura freudiana e suas "milícias" –, ele vê os judeus como forjadores de um monoteísmo mortífero e precursores dos regimes totalitários, e pinta Freud como um tirano doméstico que subjuga todas as mulheres de sua casa a seus caprichos, além de molestar sexualmente a cunhada. Homofóbico, falocrata, falsário, ávido por dinheiro, não hesitaria em cobrar o equivalente a 450 euros por uma sessão de análise.[2] Cifra

[1] Michel Onfray, *Le crépuscule d'une idole. L'affabulation freudienne*, Paris, Grasset, 2010.

[2] Psiquiatras norte-americanos e europeus que se dirigiam a Viena após 1920 para uma análise didática às vezes pagavam as sessões a Freud em moeda estrangeira. Mais tarde, ele abandonou as moedas estrangeiras e fixou seus honorários em 100 *shillings* austríacos (fonte: Hilda Doolittle, *Pour l'amour de Freud*, prefácio de Elisabeth Roudinesco, Paris, Éditions

infundada declarada durante um programa de televisão e repetida por diversos órgãos da imprensa.

Ele descreve o cientista vienense como um admirador de Mussolini, cúmplice do regime hitlerista (por sua teoria da pulsão de morte), e faz da psicanálise uma ciência baseada na equivalência do carrasco e da vítima. Embora declarando-se freudo-marxista – no entanto, pretende-se antifreudiano e adepto de Proudhon, logo, nem marxista nem freudiano –, reabilita o discurso da extrema-direita francesa, com o qual (sem saber) alimenta uma certa comunidade de pensamento. Essas posições extrapolam o campo do necessário debate intelectual sobre a questão de Freud e do status da psicanálise. Pois, de tanto inventar fatos que não existem e forjar revelações que não o são, o autor desse ataque instiga a proliferação dos rumores mais extravagantes: como exemplo, órgãos de imprensa noticiaram, antes mesmo da publicação do livro, que Freud passara um tempo em Berlim durante o entreguerras, que fora médico de Hitler e de Göring, amigo pessoal de Mussolini e um inveterado mulherengo. Com a ajuda dos boatos, daqui a pouco descobriremos que ele espancava a governanta, sodomizava os animais domésticos ou assava criancinhas no forno.[3]

---

des Femmes/Antoinette Fouque, 2010, p.258). Antes da Primeira Guerra Mundial, seus honorários correspondiam a 40 coroas.

[3] Cf. a esse respeito o comentário de Philippe Grauer no site do Centro Interdisciplinar de Formação em Psicoterapia Relacional (CIFP). Aproveito a oportunidade para agradecer a Gilles Olivier Silvagni e Anthony Ballenato, que efetuaram pesquisas para mim. Bem como a Henri Roudier, Jacques Martin Berne e Christiane Menasseyre.

Quando sabemos que 8 milhões de pessoas na França são tratadas por terapias que derivam da psicanálise, vemos claramente que tal procedimento assemelha-se a uma vontade de prejudicar. No fim, ele não fará mais do que provocar a indignação de todos aqueles que – psiquiatras, psicanalistas, psicólogos, psicoterapeutas – levam uma ajuda indispensável aos que são afetados tanto pela miséria econômica – as crianças abandonadas, os loucos, os imigrantes, os pobres – quanto por esse sofrimento psíquico trazido à luz por todos os coletivos de especialistas.

1. Descrição do livro

O livro de Michel Onfray, composto de cinco partes, é destituído de fontes e de notas bibliográficas. A nota bibliográfica final não remete a nenhum capítulo do livro e o índice é imprestável: nada de nomes ou conceitos, e sim rubricas que permitem distinguir os autores "bons" dos "maus" de acordo com os títulos de seus trabalhos; as datas de publicação são frequentemente inventadas, quando não simplesmente omitidas.

Quanto ao autor, projeta sobre o objeto odiado suas próprias obsessões – os judeus, o sexo perverso, os complôs –, a ponto de fazer de Freud um duplo invertido de si mesmo, e da psicanálise, a expressão de uma autobiografia de seu fundador, transformado em impostor. Diante desse alter ego lançado no inferno, o autor vê a si próprio como um libertador vindo livrar o povo francês de sua crença em um ídolo cujo crepúsculo ele anuncia. Ele sugere que atualmente estão disponíveis apenas as biografias de Ernest Jones e Peter Gay, a primeira publicada entre 1953 e 1957, e a segunda em 1988. Não cita nem os trabalhos dos historiadores de Viena (Carl Schorske, William Johnston, Jacques Le Rider etc.), nem os dedicados à questão da judeidade de Freud (Yousef Yerushalmi, Yirmiyahu Yovel, Jacques Derrida, Peter Gay etc.), nem qualquer um dos ensaios acerca dos diferentes aspectos da vida de Freud. Entretanto, somos hoje cabalmente informados, dia a dia, de cada acontecimento de sua vida cotidiana, assim como da de seus companheiros, discípulos e dissidentes. Onfray tampouco conhece alguma coisa da vida de Josef Breuer, Wilhelm Fliess, Sándor Ferenczi, Otto Rank, Ernest Jones, Alfred Adler, Carl Gustav Jung, Melanie Klein, Marie Bonaparte, Lou Andreas-Salomé, Anna Freud (a respeito de quem cita uma biografia errada que ninguém mais lê). Nenhuma palavra sobre a tão discutida questão da sexualidade feminina (de Helene Deutsch a Karen Horney, passando por Simone de Beauvoir, Juliet Mitchell, Judith Butler), nem sobre a história da fundação da International Psychoanalytical Association (IPA), nem sobre a revisão dos grandes casos (a respeito dos quais comete vários equívocos). Não afirma ele que Freud teria inventado dezoito casos? Perguntamo-nos quais…

Quanto à obra de Freud, traduzida em sessenta línguas, Onfray afirma ter convivido intensamente com ela durante cinco meses – entre junho e dezembro de 2009 – na tradução da PUF, a mais criticada atualmente pelos especialistas. Não faz nenhuma referência ao grande debate sobre as traduções e não consultou nenhum arquivo: nem na Biblioteca do Congresso de Washington, nem no Freud Museum de Londres. Ignora o mundo anglófono, germanófono e latino-americano, e é nulo em história da psicanálise na França.

Tudo bem, Onfray cita a obra de Henri F. Ellenberger, *História da descoberta do inconsciente*, publicada em 1970 (em inglês), traduzida pela primeira vez em francês em 1974, depois reeditada em 1994 sob meus auspícios.[4] Diz tratar-se da primeira grande revisão da história oficial de Freud, o que é inexato, uma vez que a obra de Ola Andersson é anterior à de Ellenberger.[5] Além disso, ao datar a publicação do livro de Ellenberger como sendo de 1991, faz a historiografia científica estrear com vinte anos de atraso, destacando ainda que ela continua a ser ocultada nos dias de hoje, justamente quando se encontra em plena expansão e quando os arquivos da Biblioteca do Congresso, após as grandes batalhas dos anos 1990, estão em vias de sair da lista de documentos censurados, segundo as regras em vigor – com enorme lentidão, bem entendido. Onfray engana-se igualmente quanto à data de publicação do livro de Frank J. Sulloway, *Freud, biólogo da mente*, publicado em inglês em 1979 e editado duas

---

[4] Henri F. Ellenberger, *Histoire de la découverte de l'inconscient*, prefácio de Elisabeth Roudinesco, Paris, Fayard, 1994. Onfray não cita meu prefácio, uma vez que me considera uma hagiógrafa. Como eu poderia, sendo ao mesmo tempo responsável pelos arquivos de Ellenberger depositados na Sociedade Internacional de História da Psiquiatria e da Psicanálise (SIHPP), da qual sou presidente?

[5] Ola Andersson, *Freud avant Freud*, prefácio de Elisabeth Roudinesco e Per Magnus Johansson, Paris, Les Empêcheurs de Penser en Rond, 1997.

vezes em francês (1981 e 1998).[6] Ainda assim, ele parece convencido de que não existe nenhum trabalho não hagiográfico sobre Freud até então, o que lhe permite apresentar-se como o primeiro autor a resgatar lendas douradas há trinta anos invalidadas pelos historiadores. A propósito, Onfray não faz nenhuma distinção entre história sacra, história oficial, pensamento irracional, historiografia fundada em lendas obscuras e rumores (corrente chamada "revisionista" ou, em inglês, "destruidora de Freud") e história científica. Seu método reflete um maniqueísmo radical: de um lado, os "bons" (antifreudianos); de outro, os "maus" (adeptos de uma impostura).

Ignorando os trabalhos norte-americanos e só conhecendo Freud por tê-lo lido em francês, Onfray engana-se igualmente a respeito da data de publicação da correspondência não expurgada de Freud com o médico berlinense Wilhelm Fliess, no entanto essencial para desvendar as modalidades da invenção da psicanálise e as hesitações e errâncias do primeiro Freud. Essa correspondência acha-se disponível em inglês, alemão, português e espanhol desde 1986. Foi traduzida pela primeira vez para o francês em 2006, ou seja, vinte anos depois, o que autoriza Onfray a afirmar que ela ficou oculta até hoje.[7]

---

[6] Frank J. Sulloway, *Freud biologiste de l'esprit*, prefácio de Michel Plon, Paris, Fayard, 1998.

[7] Sigmund Freud, *Lettres à Wilhelm Fliess, 1887-1904*, Paris, PUF, 2006 [ed. bras.: *Correspondência completa Sigmund Freud-Wilhelm Fliess 1887-1904*, Rio de Janeiro, Imago, 1983].

Não sendo formado em nenhuma tradição de pesquisa histórica, sem qualquer noção do que seja a internacionalização da pesquisa em história, Onfray despreza a realidade do trabalho historiográfico realizado há décadas nesse domínio, baseando-se no que julga o *nec plus ultra* da pesquisa sobre essas questões: *O livro negro da psicanálise*, que reúne cerca de quarenta artigos.[8] Se nele Freud é tratado como aproveitador e mentiroso, ávido por dinheiro e incestuoso pelos defensores da corrente historiográfica revisionista norte-americana, os psicanalistas – principalmente franceses – são acusados de complôs e contaminações diversas, uns porque teriam sido desfavoráveis à venda de seringas aos doentes de Aids (rumor inteiramente forjado), outros porque, adeptos de Françoise Dolto, falecida em 1988, teriam defendido após 2000 um abrandamento da autoridade na escola ao idealizarem a "criança rei". Quanto a Jacques Lacan, é comparado, nesse livro, a um guru de seita, enquanto o conjunto das associações psicanalíticas é insultado por haver produzido um verdadeiro gúlag freudiano: pelo menos 10 mil mortos na França. Nenhuma fonte, naturalmente, vem fundamentar essa afirmação irresponsável.

Ao contrário de seus novos amigos, que conseguiram, como ele próprio admite (*Le crépuscule*, p.585), convertê-lo à verdade verdadeira – a da conspiração dos freudianos contra

[8] *Le livre noir de la psychanalyse*, Paris, Les Arènes, 2005, foi publicado sob a direção de Catherine Meyer, com a colaboração de Mikkel Borch-Jacobsen, Jean Cottraux, Didier Pleux e Jacques van Rillaer. Subtítulo: "Vivre, penser e aller mieux sans Freud".

a sociedade ocidental –, Onfray ataca apenas Freud, sugerindo que mais tarde, num outro volume, se ocupará dos freudo-marxistas, como se ninguém antes houvesse se interessado por eles. Consequentemente anunciou, durante um programa transmitido na France Culture (em 22 de abril de 2010), que criaria uma escola de psicoterapia *freudo-marxista* destinada a cuidar gratuitamente dos pobres.[9] Será ele seu mestre e principal terapeuta? Graças a que formação?

2. Retrato do autor por ele mesmo como deus solar hedonista

Antes de analisar o conteúdo do panfleto, convém fornecer algumas indicações que permitam compreender como Onfray chegou a se "converter" ao antifreudismo mais radical.

Fundador de uma universidade popular em Caen, titular de um doutorado de terceiro ciclo (antigo regime),[10] Onfray é conhecido por ter cooptado à sua volta um vasto público que adere às suas afirmações como se fosse uma iniciativa de renovação do discurso filosófico.

Convencido de que a universidade francesa e a escola republicana são antros de perdição nos quais os professores desferem verdades oficiais para crianças submissas, Onfray

---

[9] Cf. Philippe Grauer, site do CIFP.

[10] "Les implications éthiques et politiques des pensées négatives de Schopenhauer à Spengler. Mémoire" (texto impresso). Sob a orientação de Simone Goyard, Caen, 1986.

empreendeu uma revisão da história dos saberes ditos "oficiais". Pretende-se libertário, de extrema-esquerda, adepto de Proudhon contra Marx, antifreudiano, antimarxista (e não freudo-marxista), proclamando-se o defensor do povo explorado pelo capitalismo. Por exemplo, foi durante um tempo simpatizante do Novo Partido Anticapitalista (NPA),[11] antes de pedir votos para a Frente de Esquerda nas últimas eleições regionais.

De uns anos para cá, planejou popularizar uma "contra-história da filosofia" que pretende pôr fim aos recalcamentos sobre os saberes, que teriam sido censurados pelos professores, pelo papa, pelos padres. Assim, adotou uma metodologia baseada no princípio da prefiguração: tudo já está em tudo antes mesmo da ocorrência do acontecimento.

Em virtude dessa metodologia, que angaria um autêntico sucesso junto ao público fascinado pelo que percebe como uma conclamação à insurreição das consciências, Onfray pôde afirmar que Immanuel Kant, filósofo alemão do Iluminismo, não passava de um precursor de Adolf Eichmann – idealizador da "Solução Final" que se pretendia kantiano –, que os três monoteísmos (judaísmo, cristianismo, islamismo) são empreendimentos assassinos, que o apóstolo João é ancestral de Hitler, que Jesus prefigura Hiroshima e, por fim, que o mundo muçulmano é fascista.[12]

---

[11] NPA: Partido político francês de extrema-esquerda, fundado após as eleições presidenciais de 2007. (N.T.)

[12] Michel Onfray, *Traité d'athéologie*, Paris, Grasset, 2005, p.256; e *Le songe d'Eichmann*, Paris, Galilée, 2008.

Na origem desse caso tenebroso, os judeus, fundadores do primeiro monoteísmo – isto é, de uma religião sanguinária cujo eixo é a pulsão de morte –, seriam então, segundo Onfray, responsáveis por todos os infortúnios do Ocidente, os verdadeiros "criadores da guerra santa":

> Pois o monoteísmo privilegia a pulsão de morte, afaga a morte, goza com a morte, é fascinado pela morte, é fascinado por ela ... . Da espada sanguinária dos judeus exterminando os cananeus ao uso de aviões comerciais como bombas voadoras em Nova York, passando pelo lançamento de descargas atômicas em Hiroshima e Nagasaki, tudo se faz em nome de Deus, abençoado por ele, mas sobretudo abençoado por todos os que o reivindicam. (*Traité d'athéologie*, p.201, 212, 228 etc.)

A essa humanidade monoteísta (judaica, cristã, muçulmana) fadada ao ódio e à destruição, Onfray opõe uma humanidade ateológica, preocupada com o advento de um mundo higienista, paradisíaco, hedonista; a que seria orquestrada por um deus solar e pagão integralmente investido pela pulsão de vida e do qual ele, Onfray, seria o representante, tendo como missão inculcar aos seus discípulos a melhor maneira de gozar com seus corpos e com o corpo de seus vizinhos: pela masturbação. Embora pareça ignorar as obras de referência sobre a questão, e em particular o livro de Thomas Laqueur,[13]

[13] Thomas Laqueur, *Le sexe solitaire. Contribution à l'histoire culturelle de la sexualité*, Paris, Gallimard, 2005.

Onfray mostra-se bem determinado a transformar o pênis em objeto de um culto fálico e vulcânico herdado dos antigos deuses da Grécia, os quais, como pré-socráticos, seriam os precursores de Nietzsche. Não obstante, o fato de Nietzsche ter efetuado um grande retorno aos pré-socráticos não os torna um precursor daquele.

Ao longo de um ensino intensamente midiatizado, Onfray conseguiu convencer um vasto público de que os representantes desse deus pagão, ao celebrarem as virtudes do raio, dos cometas e das tempestades, nunca entraram em guerra contra quem quer que seja, sendo admiráveis pacifistas. Nessa Grécia virtuosa dos bosques da Baixa Normandia, forjada por Onfray, Homero não existe, nem a guerra de Troia, nem Ulisses, nem Aquiles, nem Zeus, nem Urano, nem os titãs, nem a tragédia...

Onfray conta que, na infância, foi vítima de malvados padres "salesianos", entre os quais alguns seriam pedófilos (*Le crépuscule*, p.15), que o transformaram naquele que ele se tornou. Rebelde alarmista, obcecado pelo complô edipiano que se teria abatido sobre ele, afirma que seu pai, "infeliz empregado de leiteria", teria sido uma vítima permanente em um drama cujo pano de fundo seria o "mercado da subprefeitura de Argentan" (p.15). Sua própria mãe teria sido abandonada num engradado quando nasceu e, em virtude disso, desenvolveu um ódio pelo filho, explica ele, a ponto de espancá-lo e vaticinar que ele terminaria a vida no cadafalso: "Sem jamais ter matado pai (e sobretudo) mãe, nem sonhado com uma carreira de salteador de estrada, menos ainda considerado a arte de degolador, eu me via mal sob a lâmina da guilhotina. Minha mãe não!"[14]

Para vingar-se do ódio que o habita e do qual não para de falar, ele então decidiu atacar aquele que considera o responsável por todos os complôs contra o pai: Sigmund Freud, acerca do qual sabemos que foi adorado pela mãe. Onfray admirara-o antigamente a ponto de ler alguns de seus livros na infância, e se masturbando, como ele mesmo conta,[15] e depois incluir sua gloriosa história na da ateologia (*Traité d'athéologie*, p.265). Mas eis que, depois de sua conversão quase mística ao antifreudismo radical, Onfray empenhou-se em denunciar o conspiracionismo freudiano, que consiste, segundo ele, em promover o ódio aos pais e a adoração às mães para melhor seduzi-las sexualmente: tal é, a seus olhos, a essência da psicanálise, puro e simples relato autobiográfico desse fundador depravado cujo "assassinato [ele] não premeditara".[16]

Tenta, por conseguinte, contra Freud, herdeiro da cultura judaico-cristã, reabilitar a figura maltratada do pai: um pai solar, flamejante e fálico. Mas ele só ama os pais com a condição de que… jamais sejam pais. Fervoroso adepto do celibato, Onfray não cessa, assim, de afirmar sua recusa da paternidade:

---

[14] Michel Onfray, *La puissance d'exister*, Paris, Grasset, 2006. Apresentação do autor.

[15] *Philosophie Magazine*, n.36, fev 2010, p.10.

[16] Entrevista a *Livres-Hebdo*, 9 abr 2010, p.16.

> As estéreis voluntárias gostam tanto de crianças, até mais, quanto de reproduções prolíficas ... . Quem acha o real suficientemente desejável para iniciar seu filho ou sua filha na inexorabilidade da morte, na falsidade das relações entre os homens, no interesse que guia o mundo, na obrigação do trabalho assalariado? ... Seria preciso denominar *amor* essa arte de transmitir semelhantes vilanias à carne de sua carne?[17]

3. Freud, perverso sexual; psicanálise, ciência fascista

Para melhor inscrever seu panfleto na lógica de sua contra-história dos saberes oficiais, Onfray apresenta Freud como um perverso que infligiu maus-tratos ao pai, julgado pedófilo, molestou psiquicamente as três filhas (Mathilde, Sophia e Anna) e cometeu adultério com a cunhada durante quarenta anos, de 1898 até sua morte.[18] O apartamento de Viena não teria sido, a lê-lo, senão um autêntico lupanar, e Freud um abominável Édipo que só tinha na cabeça fornicar *realmente* com a mãe (mesmo numa idade avançada) e depois *matar* realmente o pai (mesmo depois da morte deste, ocorrida em 1896), a fim de engendrar filhos incestuosos para melhor tiranizá-los.

Sendo assim, durante dez anos Freud teria torturado a filha Anna ao longo de toda uma análise em forma de processo inquisitorial, que se teria desenrolado de 1918 a 1929 e

---

[17] Michel Onfray, *Théorie du corps amoureux*, Paris, LGF, 2007, [2000], p.218-20.

[18] Voltarei a essa célebre questão no Cap.3.

durante a qual, diariamente, no sigilo do consultório, a teria incitado a se tornar homossexual (*Le crépuscule*, p.243-6). Ora, embora seja exato que Freud analisou a filha, o tratamento durou apenas quatro anos, e não dez. E quando Anna começou a tomar consciência de sua atração por mulheres, Freud antes incitou-a a se orientar para o trabalho intelectual. Mais tarde, quando ela resolveu morar com Dorothy Burlingham e "adotar" os filhos desta, ele daria provas de tolerância. Freud não era nem homofóbico nem misógino, ainda que sua concepção da sexualidade feminina seja discutível – e foi discutida mais de uma vez.

Que se danem os argumentos das feministas e outros pesquisadores: Onfray afirma que o grande molestador vienense não passava de um charlatão "ontologicamente homofóbico". A "homofobia ontológica", segundo Onfray, seria muito diferente da homofobia política (*Le crépuscule*, p.513-5). A primeira consistiria em fazer da homossexualidade uma perversão; a segunda visaria "criminalizar" a homossexualidade. Essa distinção é ainda mais ridícula na medida em que visa introduzir Freud na categoria dos perversos. Ora, a verdade sobre esse caso é completamente diferente. Freud, ao contrário de um bom número de seus discípulos, não considerava a homossexualidade uma perversão, sendo favorável, politicamente, à emancipação dos homossexuais.

Mais uma vez, portanto, a tese de Onfray não tem nenhum fundamento. Ao considerar Freud um ditador falocrata que almeja possuir todas as mulheres – mãe, irmãs, cunhada, filhas, esposa –, ele também fala de si mesmo.

Afinal, não enunciou por diversas vezes, além de sua opção pelo celibato e pela não paternidade, sua inclinação filosófica pela poligamia solar, erótica, hedonista, vulcânica, pagã e antijudaico-cristã? Nada a criticar quanto a isso senão que, em se tratando de Freud, ele se transforma em inquisidor daquilo que, por outro lado, se diz adepto.

Cedendo a um velho boato inventado por Carl Gustav Jung (e atualizado pelos "revisionistas" da escola norte-americana e pelos puritanos), segundo o qual Freud teria tido em 1898 um caso com Minna Bernays, irmã de Martha, sua mulher, por ocasião de uma viagem a Engadina,[19] Onfray chega a imaginar que ele teria mantido relações sexuais com ela ao longo de toda a vida, no quarto contíguo ao seu e sob o olhar cúmplice da mulher – que teria muitas vezes assistido aos embates dos amantes. Pior ainda, Freud teria engravidado Minna e depois a teria obrigado a abortar. Manifestamente, Onfray, indiferente ao mesmo tempo às leis da cronologia e às da procriação, situa esse episódio em 1923. Ora, nessa data Minna tinha 58 anos e Freud 67. Mesmo Peter Swales, disseminador desse boato, não situou o episódio nessa data, mas vinte anos antes.[20]

E Onfray ainda acrescenta que Freud teria cedido à tentação de sofrer uma operação dos canais espermáticos a fim de aumentar sua potência sexual para gozar melhor com o corpo de Minna:

---

[19] Cf. Sigmund Freud, *Notre cœur tend vers le sud. Correspondance de voyage 1895-1923*, prefácio de Elisabeth Roudinesco, Paris, Fayard, 2005.
[20] Cf. Cap.3.

> Nesse ano, aos 67 anos, Freud, o cientista, passa por uma ligadura dos canais espermáticos sob o pretexto de que esse gênero de intervenção rejuvenesce o sujeito e revigora as potências sexuais declinantes – os defensores da versão hagiográfica do herói renunciando à sexualidade para sublimar sua libido na produção de uma obra universal, a psicanálise, deverão rever sua cópia... Em contrapartida, para os defensores de uma vida sexual com tia Minna, e a hipótese de uma viagem efetuada à Itália para um aborto, as coisas parecem coerentes... Os hagiógrafos afirmam simploriamente: essa ligadura prevenia a volta do câncer. (*Le crépuscule*, p.246)

E na entrevista concedida a *Livres-Hebdo*,[21] ele acrescenta que Freud também teria mantido "relações simbólicas incestuosas com a filha de sua amante". "Com Freud", observa ainda, "o bordel nunca está muito longe do mosteiro."

Mas quem é então essa filha? Minna nunca teve filhos. Pergunta-se como o jornalista que conversa com Onfray pode engolir essas lorotas. No programa de Franz-Olivier Giesbert (France 2, em 9 de abril), ele se julgou autorizado até mesmo a dizer, diante da cara feliz da vida de seu interlocutor – orgulhoso, manifestamente, de registrar "revelações" em primeira mão –, que Freud "trabalhara no Instituto Göring de Berlim entre 1935 e 1938".

Ora, Freud não saiu de Viena nessa época. Quanto à colaboração entre os freudianos e Jones na política de nazificação[22]

---

[21] *Livres-Hebdo*, op.cit.

[22] Designada "arianização" pelos nazistas. A psicanálise é então decretada "ciência judaica" e seu vocabulário é erradicado: as palavras da

da psicoterapia alemã orquestrada por Matthias Heinrich Göring, ela é plenamente conhecida dos historiadores. Freud omitiu-se – e foi um erro político grave[23] – na esteira de um longo conflito cujos vestígios encontramos em sua correspondência com Max Eitingon,[24] que Onfray não leu direito – ainda que a cite –, uma vez que ignora os detalhes do caso e faz de Eitingon o iniciador dessa política, que ele entretanto repeliu com firmeza antes de emigrar para a Palestina, opondo-se a Jones e Freud.

Além disso, Onfray declara que Freud, ganancioso, charlatão, falsário, dissimulador, cobrava de seus pacientes vienenses o correspondente a 450 euros por sessão, sugerindo, aliás, que seus herdeiros o teriam imitado. Para quem conhece a realidade da prática psicanalítica – e mesmo a de suas piores distorções –, é forçoso constatar que a afirmação é totalmente gratuita.

Convencido de que Minna podia estar grávida aos 58 anos e ignorando a história da medicina, Onfray critica os hagiógrafos por terem ocultado a verdade relativa à sexualidade de Freud. A realidade é bem diferente: em 1923, Freud sofreu uma operação de ligadura conhecida como "cirurgia de Steinbach". Esse endocrinologista foi um dos primeiros

---

psicanálise são, de certa forma, "exterminadas" antes mesmo da aplicação do programa da Solução Final. Onfray diz o contrário (*Le crépuscule*, p.549), escarnecendo da verdade dos fatos, convencido de que apenas os psicanalistas foram perseguidos e a doutrina "salva".

[23] Que René Major e eu mesma denunciamos em 1986, e mais tarde por ocasião da realização dos Estados-Gerais da Psicanálise, em 2000.

[24] Sigmund Freud e Max Eitingon, *Correspondance*, Paris, Hachette-Littérature, 2009.

a compreender a função das células intersticiais (que secretam os hormônios masculinos). Ligando os canais, ele cogitava obter uma relativa hipertrofia das células e, por conseguinte, um "rejuvenescimento" do sujeito. Como se pensava na época que a formação do câncer se devia em parte ao processo de envelhecimento, a operação de "rejuvenescimento de Steinbach" era considerada um meio de prevenir o retorno do câncer.[25]

Apóstolo do prazer solar, Onfray acusa Freud não apenas de ter engravidado a cunhada como de ter estimulado a repressão à masturbação (*Le crépuscule*, p.497-504). O ataque torna-se ainda mais cômico porque Freud foi espinafrado por vários sexólogos puritanos do início do século XX justamente por ter condenado as torturas infligidas às crianças em nome da repressão da masturbação (mãos amarradas na cama, aparelhos estarrecedores, excisão das meninas, ameaças diversas, surras etc.).

Obcecado pela pedofilia, Onfray multiplica as declarações na imprensa para denunciar todos aqueles que imagina serem cúmplices desse crime. Repetindo por conta própria algumas acusações grotescas contra Daniel Cohn-Bendit e citando uma famosa petição de 1977 assinada por vários intelectuais franceses na época favoráveis a uma revisão da lei sobre a sexualidade dos adolescentes,[26] ele não hesitou em fustigar a intelligentsia francesa, em seu blog, em novem-

---

[25] Max Schur, *La mort dans la vie de Freud*, Paris, Gallimard, 1972, p.434.

[26] Cf. Jean-François Sirinelli, *Intellectuels et passions françaises*, Paris, Fayard, 1990, p.269-70.

bro de 2009: todos asseclas da pedofilia, sugere ("Pédophilie mon amour"). E, da mesma forma, ataca Roman Polanski e Frédéric Mitterrand:

> A pedofilia tem boa imprensa. Quando Bayrou[27] lembra, com razão, que Cohn-Bendit acariciava o sexo das crianças e se deixava acariciar por elas, é Bayrou, o infame! ... Quando a petição contra a maioridade sexual reúne em 1977 a fina flor dos intelectuais da época (Derrida, Deleuze, Guattari, Althusser, Sartre, Beauvoir, Sollers etc.), mas também os agora sarkozistas Kouchner, Bruckner, Glucksmann ... ninguém tem nada a dizer, nem mesmo Dolto, igualmente signatária.

Uma vez que Freud é um perverso, é lógico que sua doutrina ateste uma perversão fundamental: esta seria, segundo Onfray, produto de alguma coisa estranha ao corpo normal e saudável do homem, um elemento heterogêneo associado a estigmas precisos. Seria, de certa forma, o oposto da doutrina professada por esse deus solar e vulcânico, fonte de vida e antítese absoluta do judeu-cristianismo criador de guerra, destruição e pulsão de morte. Da mesma forma, Onfray faz da psicanálise o produto de uma cultura "decadente e fim de século na qual ela proliferou como uma planta venenosa" (*Le crépuscule*, p.566-7). Repete assim, por conta própria, e

---

[27] François Bayrou: político francês, presidente da União Democrática Francesa, ex-aliado da UMP (União por um Movimento Popular), partido do presidente francês Nicolas Sarkozy. (N.T.)

sem o saber,[28] a grande temática da extrema-direita francesa, que desde Léon Daudet sempre comparou a psicanálise a uma ciência estrangeira ("boche" ou "judia") que se enxerta como um parasita sobre o corpo do Estado-nação; uma ciência mortífera concebida por um cérebro degenerado e nascido em uma cidade depravada (Viena), no coração de um Império em plena deliquescência.

Portanto, nessas condições, não admira ver surgir sob sua pena não uma crítica da psicanálise à maneira notável de um Theodor Adorno, um Herbert Marcuse, de certas feministas ou dos culturalistas norte-americanos, ou ainda de Gilles Deleuze ou Michel Foucault,[29] mas uma acusação análoga à dos adeptos do neopaganismo antijudaico-cristão. Pois é de fato nessa veia que se situa o autor de *Le crépuscule d'une idole*, quando, invertendo a acusação de "ciência judaica" pronunciada pelos nazistas contra a psicanálise, faz desta uma ciência adequada ao fascismo (p.566s) e de seu fundador uma espécie de ditador adepto da desigualdade das raças (p.533).

O raciocínio é simples: acusando Freud de haver teorizado a noção de pulsão de morte e tê-la inscrito no âmago da história humana, Onfray acaba por afirmar que, uma vez

---

[28] O que talvez seja ainda mais grave e cômico ao mesmo tempo. Cf. texto de Guillaume Mazeau, no Cap.4.

[29] Inseri suas críticas na história da psicanálise, e elas nada têm a ver com o antifreudismo radical da escola "revisionista" norte-americana. Nada a ver, tampouco, com o antifreudismo radical da extrema-direita francesa. Cf. Elisabeth Roudinesco, *Filósofos na tormenta*, Rio de Janeiro, Zahar, 2007, [2005]. E Jacques Derrida e Elisabeth Roudinesco, *De que amanhã... Diálogo*, Rio de Janeiro, Zahar, 2004, [2001].

que os nazistas levaram a cabo a mais bárbara consumação dessa pulsão, Freud seria o precursor dessa barbárie, bem como um representante do anti-Iluminismo incitado pelo "ódio de si judeu" (p.228 e 476).[30]

Mas teria feito ainda pior: ao publicar, em 1939, *Moisés e o monoteísmo religioso*, isto é, ao fazer de Moisés um egípcio, e do assassinato do pai um dos princípios do advento das sociedades humanas, teria assassinado o pai da Lei judaica, estimulando assim o extermínio de seu próprio povo pelos nazistas (p.226-7). Em suma, seria mais uma vez, por antecipação, um perseguidor dos judeus, um homem que, não podendo admitir-se nacional-socialista porque era judeu, teria transformado seu fervor por Hitler em admiração por Mussolini, a ponto de imitá-los em "Psicologia das massas e análise do eu" – ensaio publicado em 1921 e que passa ao largo desse assunto: "Evidentemente, Freud, como judeu, não pôde salvar nada do nacional-socialismo. Em contrapartida, o cesarismo autoritário de Mussolini e o austro-fascismo de Dollfuss ilustram à perfeição as teses de 'Psicologia das massas e análise do eu'" (*Le crépuscule*, p.546). E Onfray ainda pretende provar o que afirma relatando um episódio de pleno conhecimento de todos os historiadores.

Em 1933, Edoardo Weiss, discípulo italiano de Freud, apresenta-lhe em Viena uma paciente tratada por ele. O pai desta, Giovacchino Forzano, autor de comédias e amigo de Musso-

---

30 Freud, entretanto, sempre criticou o ódio de si judeu. Cf. Elisabeth Roudinesco, *Retorno à questão judaica*, Rio de Janeiro, Zahar, 2010.

lini, acompanha a filha. No fim da consulta, ele pede a Freud que dedique um de seus livros ao Duce. Por respeito a Weiss, que em seguida será compelido à emigração, Freud consente e escolhe *Por que a guerra?*, escrito em colaboração com Albert Einstein entre 1932 e 1933: "A Benito Mussolini, com a saudação respeitosa do homem que reconhece na pessoa do governante um herói da cultura."[31] Mais tarde, Weiss pedirá a Jones para omitir esse episódio, mas este se recusará, chegando a acusar Weiss de cumplicidade com Mussolini.

Sem conhecer os detalhes desse caso, sobre o qual engana-se, portanto, redondamente, Onfray deduz que Freud apoia o fascismo (*Le crépuscule*, p.524-32) e que *Por que a guerra?*, escrito com Einstein, é uma apologia do crime.

Quando se sabe que Freud foi um pensador do Iluminismo sombrio, e jamais adepto do anti-Iluminismo, que afirmou que o assassinato do pai era o ato fundador das sociedades humanas, com a condição todavia de que o assassinato fosse sancionado pela Lei (modelo das tragédias gregas), e que era admirador tanto de Cromwell (o regicida) quanto da monarquia constitucional inglesa (capaz de

---

[31] Observemos que Freud levou certo tempo para perceber que o nazismo destruiria toda a psicanálise europeia. Daí seu erro político diante da política de "salvamento" da psicanálise preconizada por Jones na Alemanha (contra Eitingon e Wilhelm Reich). E, se veio a acreditar que Dollfuss ou Mussolini poderiam constituir uma muralha contra Hitler, como aparece em sua correspondência, nem assim isso o transforma num asseclа do fascismo, como afirma Onfray interpretando distorcidamente o significado das cartas, já que as isola de seu contexto. Aliás, a partir de 1936, Freud não alimenta mais qualquer ilusão.

sancionar o regicídio), perguntamo-nos como Onfray pôde sustentar tamanhas extravagâncias.

Se a psicanálise é, como ele afirma, uma religião ditatorial, e Freud um colaborador de Göring, isso significa que ela é incompatível com a democracia. Mas por que então ela só se desenvolveu nos países onde preexistia o Estado de direito? Por que sempre foi banida, *enquanto tal*, pelos regimes totalitários ou teocráticos, mesmo quando seus praticantes colaboravam com esses regimes? Onfray não faz a pergunta, contentando-se em afirmar que se ela fez sucesso foi porque Freud organizou "milícias" para defendê-la, transformando-a assim numa religião fanática que estimulava a guerra e as "carnificinas de guerra". Por conseguinte, ela devia sua sobrevivência exclusivamente ao fato de estabelecer uma equivalência entre carrasco e vítima.

Recusando *de facto* o próprio princípio da história das ciências segundo o qual nenhuma norma deve ser essencializada em relação a uma patologia – uma vez que os fenômenos patológicos são sempre variações quantitativas dos fenômenos normais –, Onfray reintroduz uma visão maniqueísta da relação entre o normal e o patológico. Ele a pensa sempre segundo o eixo do "bem" e do "mal": de um lado, o paraíso da norma (os adeptos do deus solar, pacifistas e hedonistas); de outro, o inferno da patologia (os loucos, pedófilos, perversos, monstros, cristãos, judeus, nazistas, muçulmanos).

E isso tão insistentemente e de tal forma que chega a afirmar que a psicanálise é incapaz – como tampouco o próprio Freud – de distinguir o carrasco da vítima, uma vez que, para ela, "tudo se equivale": o doente e o homem normal, o louco e o psiquiatra, o pedófilo e o bom pai etc. E, a respeito do extermínio das quatro irmãs de Freud pelos nazistas, Onfray declara que a psicanálise não permite explicar o problema da Solução Final, da qual a família Freud é vítima. Diz ele:

> Como apreender intelectualmente o que distingue *psiquicamente* sua irmã Adolfine, morta de fome no campo de Theresienstadt, ou suas outras três irmãs, mortas nos fornos crematórios de Auschwitz em 1942, de Rudolf Höss, o comandante desse campo de sinistra memória, *se nada os distingue psiquicamente*, salvo alguns degraus praticamente invisíveis e de tal forma irrelevantes que Freud nunca chegou a teorizar essa distância mínima no entanto tão primordial? (*Le crépuscule*, p.566)

Observemos, aliás, que Onfray engana-se quanto ao campo: Rosa foi exterminada em Treblinka, e Mitzi e Paula em Maly Trostenëts. Se por um lado a Solução Final de fato colheu a família Freud, não foi certamente nesse cara a cara sem "distinção psíquica" imaginado por Onfray entre o comandante do campo de Auschwitz (Höss) e as quatro irmãs do fundador da psicanálise, acusado de ter apagado, por antecipação, toda diferença entre o exterminador e suas vítimas.

"Que o ódio seja o outro rosto do amor", escreve Onfray falando de Freud, "permitam-me duvidar disso, em primeiro lugar porque não há em mim ódio pela psicanálise ... ." E acrescenta:

> Todo ódio de uma vítima judia por seu carrasco nazista parece-me longe de significar para ela um outro nome do amor! Precisamos parar com esse tipo de pseudoargumento freudiano de que o nada é uma das modalidades do todo, o branco uma das modalidades do preto, a crítica (aberta) a Freud uma das modalidades (inconsciente) do amor a Freud.[32]

Arrebatado pela negação de seu ódio, e convencido de que ainda assim ama a psicanálise – uma vez que pretende fundar uma escola de psicoterapia existencial e freudo-marxista para os pobres –, Onfray atribui incessantemente suas próprias obsessões ao fundador da psicanálise. Pois, na realidade, é Onfray e não Freud que se permite afirmar que o ódio de uma vítima judia por seu carrasco nazista é o outro nome do amor. E foi de sua imaginação que brotou o roteiro macabro desse cara a cara entre Rudolf Höss e as quatro irmãs de Freud.

Uma vez que a psicanálise não passa do outro nome de uma religião ditatorial criada por um judeu ressentido e perverso, é compreensível que Onfray se entregue, no fim de seu livro, a uma reabilitação sistemática das teses paganistas oriundas de determinada extrema-direita francesa.

Assim, enaltece *La scolastique freudienne*, livro de Pierre Debray-Ritzen,[33] pediatra e fundador da Nova Direita, que nunca cessou de fustigar tanto o divórcio e o aborto quanto

---

32 Michel Onfray, *Lire*, mar 2010, p.35.

33 Pierre Debray-Ritzen, *La scolastique freudienne*, Paris, Fayard, 1972.

a religião judaico-cristã, hostil, segundo ele, à eclosão de uma verdadeira ciência materialista. Daí sua reivindicação de um ateísmo fanático, baseado no culto ao paganismo. Escreve Onfray:

> No fim de sua vida, esse tio de Régis Debray que não poderia mais apresentar um programa na rádio Courtoisie, uma mídia claramente à direita da direita ... . Como pretender a pertinência de bons argumentos críticos num mundo onde o essencial da classe intelectual comunga menos com a esquerda do que em seu catecismo? (*Le crépuscule*, p.595)

Não satisfeito em atacar a esquerda francesa, da qual entretanto afirma fazer parte, Onfray gaba os méritos de outro livro, oriundo da mesma tradição, *Mensonges freudiens. Histoire d'une désinformation séculaire*, publicado na Bélgica por Jacques Bénesteau,[34] prefaciado por um simpatizante da Frente Nacional, apoiada pelo Club de l'Horloge,[35] e no qual é possível ler que não existia antissemitismo em Viena durante o entreguerras, uma vez que nessa época incontáveis judeus ocupavam postos importantes em todas as esferas da sociedade civil. Escreve Onfray:

---

[34] Jacques Bénesteau, *Mensonges freudiens. Histoire d'une désinformation séculaire*, Paris, Mardaga, 2002, p.190-1.

[35] Para maiores informações sobre o Club de l'Horloge, ver "Crônica de um antissemitismo camuflado: o Club de l'Horloge e a psicanálise", in Elisabeth Roudinesco, *Em defesa da psicanálise*, Rio de Janeiro, Zahar, 2010. (N.T.)

> Em seu livro, Bénesteau critica o uso que Freud faz do antissemitismo para explicar a frieza a ele imposta por seus pares, sua ausência de reconhecimento pela universidade, a lentidão de seu sucesso. À guisa de demonstração, ele explica que em Viena, nessa época, incontáveis judeus ocupam cargos importantes na Justiça, na política, no jornalismo, na edição – o que lhe valerá ser classificado por Elisabeth Roudinesco na vertente do "antissemitismo disfarçado" ("Le Club de l'Horloge et la psychanalyse: chronique d'un antisémitisme masqué", *Les Temps Modernes*, n.627, abr-mai-jun 2004) – *disfarçado*, ou seja, *invisível*, embora presente e real … . Ora a leitura desse calhamaço não contém nenhuma observação antissemita, não encontramos nele nenhuma posição que explicite a posição política de seu autor. (*Le crépuscule*, p.596)

Ao cabo de seu libelo de acusação, Michel Onfray subscreve a tese segundo a qual Freud – homofóbico, misógino, defensor do fascismo, responsável por antecipação pelo extermínio das irmãs, adepto de uma sexualidade doentia e de uma concepção pervertida das relações entre norma e patologia – teria inventado perseguições antissemitas que não existiam em absoluto em Viena: mania de enxergar em toda parte e sob quaisquer circunstâncias, na mais pura tradição da ideologia conspiracionista francesa, a mão, o olho e o nariz de Freud.

À leitura de um livro desses, cujo móbil ultrapassa amplamente o clássico debate entre adeptos e opositores da psicanálise, sentimo-nos no direito de nos perguntar se as considerações comerciais que acompanharam tal publicação não adquiriram tal peso que seriam suscetíveis de abolir todo juízo crítico e senso de responsabilidade. Não obstante, a pergunta merece ser posta.

II. Uma velha história

Entrevista a Sylvain Courage[1]

[1] "À quoi sert la psychanalyse", *Le Nouvel Observateur*, n.2.369, 1-7 abr 2010. Agradeço a Denis Olivennes por ter autorizado a publicação desta entrevista.

Sylvain Courage: Por que as teorias de Freud sempre despertaram certa rejeição?

Elisabeth Roudinesco: O ódio a Freud manifestou-se desde os seus primeiros escritos. Ele é da mesma natureza que o ódio a Darwin. Freud realizou algo que parece intolerável à humanidade. É a revolução do íntimo. É a explicação do inconsciente e da sexualidade. Eis o primeiro escândalo, e ele continua a chocar. Assim como todas as Igrejas recriminam Darwin por ter feito do homem um descendente do macaco, elas detestam Freud por ter transformado a sexualidade em uma coisa normal e não mais patológica. Quando Freud debutou, todos os psicólogos se interessavam pela sexualidade, mas para reprimir as que pareciam perversas: os verdadeiros perversos sexuais, decerto, mas também, e sobretudo, as mulheres histéricas, julgadas doentias porque desviavam o corpo da maternidade, os "invertidos", porque recusavam a procriação, e as crianças "degeneradas", porque se masturbavam.

Eis a grande questão em 1890-1900. Freud empenha-se em respondê-la. Afirma que para compreender a sexualidade humana cumpre emancipar-se das descrições puramente sexológicas. Em outros termos, é normal uma criança masturbar-se, o caso só é patológico quando ela não faz outra coisa na vida! Segundo Freud, a sexualidade perverso-polimorfa encontra-se potencialmente no âmago de cada um de nós. Não há, de um lado, perversos degenerados e, de outro, indivíduos normais. Há graus de norma e patologia. O ser humano, no que tem de mais monstruoso, faz parte da humanidade. E a criança mora no nosso coração. Faz-se necessário então libertar a criança e redefinir os critérios da perversão. Para libertar a mulher histérica de seus conflitos e de seu sofrimento, existe a fala.

SC: A psicanálise também sempre foi criticada por não ser uma ciência. Qual a relação de Freud com as ciências da natureza, reivindicadas por ele no início da carreira?

ER: Muito cedo, em 1896, Freud, que era médico, abandonou o modelo neurológico. Digam o que disserem os que hoje gostariam de ver nele um adepto precoce das neurociências, ele compreendeu que precisava romper com as mitologias cerebrais. Esperava que um dia a medicina do cérebro progredisse. Nada tinha contra a ciência. Mas fundou a psicanálise a partir de outra racionalidade, que não é da mesma ordem que a das ciências da natureza. Compreendeu que o homem não era apenas neuronal, mas feito de mitos, fantasias, cultura. E colocou no cerne da subjetividade a tragédia grega – a de Sófocles (*Édipo*) –, mas também a consciência culpada de Hamlet. Em suma, a psicanálise é uma ciência humana da mesma forma que a antropologia: não é um ramo da neurologia. E se biologizamos as ciências humanas, soçobramos no obscurantismo, e mesmo no ocultismo: detectamos causalidades ali onde elas não estão. O desencadeamento psíquico das doenças orgânicas – o câncer, por exemplo – não está de forma alguma provado cientificamente, e se confundimos tudo aterrorizamos as pessoas, fazendo-as acreditar que se tiverem uma vida psíquica "higiênica" não terão doenças, o que é contrário ao que diz a ciência médica e à ordem natural do mundo e da vida.

SC: Qual é, a seu ver, a especificidade da crítica a Freud na França?

ER: Nos Estados Unidos o puritanismo, aliado ao cientificismo, alimentou os ataques contra o freudismo. O debate historiográfico, por exemplo, incidiu sobre a sexualidade de Freud. Teria ele ido para a cama com a cunhada em 1898? Segundo o grande mexerico norte-americano, inteiramente forjado, Freud a teria engravidado e obrigado a abortar.[2] Na França, esse tipo de polêmica não pega. No início, a elite intelectual apoderou-se das teses de Freud. Os surrealistas e os progressistas viram nelas uma revolução, na linha direta de Rimbaud: "eu é um outro." No contexto do caso Dreyfus, o freudismo foi associado à ideologia de 1789. Mas

---

[2] Cf. Cap.3.

nossa história tem duas faces: a França produziu Valmy e Vichy.[3] Desde essa época, assistimos a uma luta feroz entre os defensores de uma psicologia francesa tendo como eixo a fisiologia – Théodule Ribot ou Pierre Janet – e o freudismo considerado uma "ciência boche", antinacional, especulativa. Não podemos esquecer que muitos psicólogos franceses também teorizaram a desigualdade entre os povos e raças a fim de justificar a colonização. Eis por que há frequentemente na França uma mistura inconsciente entre antifreudismo, racismo, chauvinismo e antissemitismo fundada no ódio pelas elites e no populismo. Nos anos 1970, Pierre Debray-Ritzen ressuscitou o velho arsenal antijudaico-cristão ao designar a psicanálise como "ciência judaica". No que o acompanha o panfleto antifreudiano de Jacques Bénesteau.[4] Os eternos complôs e trapaças atribuídos aos psicanalistas por adeptos do conspiracionismo são duvidosos.

SC: Essas polêmicas não resultam principalmente do fato de a psicanálise ter sido superada pelo progresso médico?

ER: De forma alguma. À Segunda Guerra Mundial sucede-se a revolução dos psicotrópicos, e principalmente dos neuro-

---

[3] Batalha de Valmy (20 set 1792): combate entre tropas francesas e prussianas que não se consumou, pois o exército prussiano se retirou de campo. Ainda assim, representou a primeira vitória militar da Revolução Francesa. Vichy: cidade a sudoeste de Paris que serviu de capital ao regime político que vigorou na França durante a ocupação nazista (1940-44). (N.T.)

[4] Jacques Bénesteau, *Mensonges freudiens. Histoire d'une désinformation séculaire*, Paris, Mardaga, 2002.

lépticos. Isso permite suprimir o hospício. Os medicamentos da mente puseram fim às camisas de força. Foi possível tratar, ou pelo menos estabilizar, as psicoses. Mas não as neuroses, tampouco as depressões. E os tratamentos medicamentosos não bastam em nenhum dos casos. Na verdade, para tratar as psicoses convém associar, à administração ponderada de psicotrópicos, tratamentos psíquicos baseados na fala, bem como uma assistência que permita reintegrar os doentes na cidadania. Ora, essa tripla abordagem, a única que permite progredir, é muito cara. Eis por que as sociedades ocidentais preferem abandoná-la e conformar-se a uma ideologia cientificista aparentemente mais barata.

SC: Como se manifesta essa "ideologia cientificista"?

ER: Ela prevaleceu por intermédio do *Manual estatístico e diagnóstico dos transtornos mentais* (*DSM*). De origem norte-americana, essa nova carta das classificações adotada pela Organização Mundial de Saúde deve supostamente inventariar os distúrbios psíquicos a fim de prescrever os tratamentos. Ela foi imposta a todos os médicos. Mas, a meu ver, é simples fruto de uma posição ideológica. Passou-se a acreditar que tudo deriva de um mecanismo cerebral. Ao invés de considerar o sujeito segundo o que ele vive, apenas seus comportamentos são levados em conta. O problema, por conseguinte, é que não sabemos mais quem é louco e quem não é. Você foi checar três vezes se a sua porta está bem fechada? Você é um angustiado, logo, doente mental. Ninguém se preocupa em saber a que remetem os comportamentos. O sujeito é recortado, dividido, normatizado. Ninguém quer mais saber nada sobre o íntimo. A tal ponto que a influência do *DSM* fomenta uma revolta dos próprios sujeitos. Notadamente contra o projeto de incluir no *DSM*, em preparação para 2013, as novas dependências à internet e a outras mídias como drogas nocivas. Sabemos claramente, no entanto, que para determinar se alguém é de fato alienado por sua dependência convém recorrer à fala e ouvir o que ele tem a dizer. Na próxima fornada do *DSM*, cogita-se incluir também os comportamentos sexuais sob o ângulo das dependências. Nesse domínio, onde está a norma? Quantas vezes por semana? Como? Vemo-nos num impasse.

SC: Rivalizando com outras abordagens, principalmente as terapias cognitivo-comportamentais (TCC), o tratamento psicanalítico clássico pode evoluir?

ER: Creio que sim. Assisti à petrificação do tratamento clássico: atualmente o silêncio do analista durante anos não é mais aceitável, se é que um dia foi. Daí o sucesso das terapias comportamentais e cognitivas, que pretendem eliminar os sintomas das enfermidades psíquicas que nos apresentam como as doenças do século: fobias, transtornos obsessivos compulsivos (TOC), perda da autoestima etc. Por comparação, os analistas se veem criticados por sua não intervenção sobre os sintomas. Ora, a análise pode responder a isso bem melhor que as TCC. Convém, entretanto, propor tratamentos curtos e dinâmicos, como os praticados pelo próprio Freud. Tudo está para ser reinventado no domínio clínico... de modo a que o tratamento seja adaptado a cada sujeito.

SC: Dividido em uma legião de grupelhos que se enfrentam, o movimento psicanalítico pode reagir?

ER: Ao se estruturar, o movimento psicanalítico tornou-se conservador, corporativista. Nos anos 1930-60, a guinada kleiniana, que evidenciou o papel central da mãe, e depois a revolução lacaniana (1950-70), que associou psicanálise e teoria da linguagem, trouxeram ideias inovadoras. Mas essas revoluções também produziram novos conformismos. Isso ficou patente quando a emancipação das mulheres, depois a dos homossexuais, veio abalar a vulgata freudiana. Fez-se claramente necessário rever o velho modelo patriarcal, revisar as antigas concepções da sexualidade feminina, permitir aos homossexuais serem psicanalistas e pais. Após ter sido atacado pela direita, o freudismo viu-se fustigado pela esquerda e por filósofos brilhantes dos quais fui bem próxima: Deleuze, Derrida, Lyotard etc. E a crítica foi fecunda. Hoje em dia, infelizmente, a maioria dos analistas parece desprezar o engajamento cidadão. São despolitizados e frequentemente ignoram sua história, o que os impede de serem eficazes na luta ideológica que os antifreudianos radicais travam contra eles. Por outro lado, diversos psis aferram-se a teses de outras eras ao condenar, por exemplo, a família monoparental, a homoparentalidade ou a "barriga de aluguel", embora essas novas formas de filiação sejam perfeitamente concebíveis e lhes digam respeito no mais alto grau.

III. História de um boato: o "caso" de Freud com a cunhada[1]

[1] O apartamento de Freud, situado na Berggasse, 19, em Viena, é atualmente um museu. Mas é em Londres, para onde Freud emigrou em 1938, que se encontram sua biblioteca, suas coleções, seus móveis e numerosos arquivos. O Freud Museum de Londres está situado em Maresfield Gardens, 20, no bairro de Hampstead. Cf. Elisabeth Roudinesco e Michel Plon, *Dicionário de psicanálise*, Rio de Janeiro, Zahar, 1998.

Na casa de Freud moravam cerca de onze pessoas: Freud, Minna Bernays, sua cunhada, Martha, sua mulher, seis filhos e duas empregadas. Freud reconstituíra assim o universo familiar ao qual em sua infância era apegado. E é no momento em que Minna passa a morar em seu apartamento (a partir de 1896), como era comum na época, que as principais teorias freudianas são elaboradas: o complexo de Édipo, o abandono da teoria da sedução, tudo coisas referentes às relações internas na família – sedução de crianças por parentes e pais, abandono dessa tese, fantasias, interdito do incesto etc. Após o nascimento de Anna, sua última filha, Freud, segundo suas próprias palavras, cessa de manter relações sexuais com Martha, esgotada pelas sucessivas gravidezes.

É a partir dessa data também que Freud decide, nos verões, ceder à paixão pelas viagens, vencendo sua antiga fobia. Martha, por sua vez, tem verdadeiro horror de viajar. Freud então passa uma parte das férias de verão em família, e a outra parte viajando. Minna é um de seus companheiros prediletos de viagem. Digo "companheiro", pois o termo é mais pertinente do que "companheira".[2]

---

[2] Cf. Sigmund Freud, *Notre cœur tend vers le sud: correspondence de voyage, 1895-1923*, prefácio de Elisabeth Roudinesco, Paris, Fayard, 2005.

No verão de 1898, os dois vão a Engadina pela primeira vez. Empolgados com a escapada, enviam cartões-postais a Martha, evocam as dificuldades enfrentadas pelos turistas na época (quartos difíceis de reservar ou encontrar, horários de trem complicados etc.). Às vezes, dormem em quarto duplo cujas duas partes são separadas por uma cortina, como se fazia corriqueiramente, mas em geral pegam dois quartos.[3]

Em 10 de agosto de 1898, Minna escreve a Martha: "Posso finalmente desfilar meu vestido de flanela, e com todas as minhas joias, e naturalmente Sigi [Sigmund] me acha sempre muito elegante, mas não sei se partilho essa opinião" (*Notre cœur*, p.115). No dia 13, Freud envia a Martha uma carta postada de Maloja: Minna e ele, escreve, estão com a cara ótima e "paramos num modesto estabelecimento suíço em frente a uma fortaleza transformada em hotel" (*Notre cœur*, p.117). Permanecerão ali até o dia 15.

Durante uma viagem a Riva, perto do lago de Garde, onde pegam dois quartos, Freud declara sentir-se constrangido com a presença de hóspedes austríacos capazes de reconhecê-lo. Ainda mais, acrescenta, que está acompanhado de uma mulher que não é a sua (*Notre cœur*, p.134). Sente-se culpado, evidentemente, mas Minna nem um pouco: nenhum indício de constrangimento em sua correspondência.

A partir de 1922, três mulheres vivem na casa dos Freud: Minna, Martha e Anna Freud, sua filha, que de certa ma-

---

[3] Sobre essa questão, ver Michelle Perrot, *Histoire de chambres*, Paris, Seuil, 2009. Transmiti minhas observações à autora, que as cita no capítulo dedicado aos quartos de hotel e à viagem.

neira desempenha junto a ele um papel similar ao de Minna. Analisada por ele, virá a ser chefe de escola, e ele sentirá tanto ciúme disso quanto sentira de Martha quando esta foi cortejada por um certo rapaz.

Isso bastou para que Freud fosse acusado de bígamo e de manter uma relação sob o próprio teto com a cunhada, e com o consentimento tácito de Martha. À medida que a psicanálise obtinha reconhecimento e sucesso e se disseminava o ódio por seu fundador, visto como um obcecado sexual, impunha-se a ideia de que ele não passava de um hipócrita e de um mentiroso: embora sustentasse a tese da necessidade dos interditos fundamentais para a reprodução das sociedades, ele próprio os transgredia. E isso era intolerável para os puritanos.

Esse rumor pairou sobre Viena enquanto Freud viveu, mas ganhou uma importância considerável no mundo anglófono após a Segunda Guerra Mundial, a ponto de tornar-se o centro de um grande debate historiográfico, quando o movimento psicanalítico construiu sua história oficial tomando por base a famosa biografia de Ernest Jones: história oficial e não hagiográfica, sutileza relevante para todos os historiadores sérios.

Foram muitos os que espalharam o boato: Bruno Bettelheim, Carl Gustav Jung, Max Graf. O primeiro nunca fora íntimo de Freud, mas era igualmente um personagem transgressor. O segundo havia sido, até 1913, discípulo de Freud. Jung era conhecido por seus casos extraconjugais, inclusive com pacientes. Ávido por mexericos, tinha o talento de inventar boatos e sabia contar maravilhosamente histórias sem pé nem cabeça.

Em 29 de agosto de 1953, interrogado por Kurt Eissler (responsável na época pelos Arquivos Freud depositados na Biblioteca do Congresso de Washington), ele diz textualmente: "A irmã mais jovem fazia uma grande transferência sobre Freud e ele não era insensível a isso!" E Eissler bota lenha na fogueira: "O senhor quer dizer que eles tiveram um caso." Jung: "Oh, um caso, não sei a que ponto, mas meu deus, sabemos como foi, não é mesmo?"

Em 1957, Jung volta à carga. Entrega a seu amigo John Billinsky um depoimento que este tornará público em 1969.[4] Jung evoca, nesse dia, sua primeira visita a Viena, em 1907.

> Rapidamente, travei conhecimento com a irmã mais moça da esposa de Freud. Era muito bonita, e não apenas sabia muita coisa sobre psicanálise como conhecia quase tudo das atividades de Freud. Quando, mais tarde, visitei o laboratório de Freud, sua cunhada me perguntou se podia conversar comigo. Estava muito abalada em virtude de suas relações com Freud e sentia-se culpada. Declarou-me que Freud estava apaixonado por ela e que mantinham relações muito íntimas. Essa revelação me chocou e, ainda hoje, recordo-me muito bem de minha angústia na época. Dois anos mais tarde, Freud e eu fomos convidados pela Clark University de Boston. Durante sete semanas convivemos diariamente. Desde o início de nossa

[4] Ou seja, após a morte de Jung.

viagem, começamos a fazer a análise de nossos sonhos. Freud tivera alguns que o perturbavam muito e que traziam à cena sempre o mesmo triângulo: ele, a mulher e a cunhada. Ele não imaginava que eu pudesse saber alguma coisa a respeito dessa relação.

E quando Jung lhe pede para fazer associações, Freud replica: "Eu poderia lhe dizer mais, mas não posso arriscar minha reputação."

Examinemos esse depoimento. Jung contradiz o que ele próprio declarou a Eissler. Além disso, acrescenta que Minna era "bonita", ao contrário de sua irmã, e que ao longo dos anos elas tinham acabado ficando parecidas. Ora, não é esse o caso. Além disso, Freud não tinha "laboratório", mas consultório. Enfim, não vemos como Minna poderia ter feito tais confidências a um homem a quem encontrava pela primeira vez. Por outro lado, se é verdade que durante a travessia do Atlântico Jung, Freud e Ferenczi contaram-se mutuamente seus sonhos e beberam muito, a ponto de Freud ser acometido por uma síncope, e se é verdade que Freud recusou a ajuda de Jung para a interpretação dos seus, nada permite dizer que estes incidissem sobre Minna.

A partir dos anos 1970, com o surgimento da corrente "revisionista" e a renovação da hostilidade contra a psicanálise, a concepção de um Freud perverso, pai de uma filha perversa a quem teria tomado em análise apenas para subjugá-la, serviu então para "demonstrar" que todas as teorias do movimento psicanalítico não passavam de uma monstruosidade familiar.[5] Logo, caso viesse a ser demonstrada a existência de um relacionamento com Minna, todo o edifício freudiano ruiria. Mas como provar o que não é passível de ser provado? Como estabelecer rigorosamente os fatos? Nada na vida ou nas correspondências de Freud permite concluir pela existência desse relacionamento.

Em 1982, Peter Swales, o mais alucinado dos "revisionistas"[6] do mundo anglófono, apoiado por Adolf Grünbaum – que era, de certa forma, seu aval "científico" (físico e erudito, adepto de um antifreudismo virulento mas muito aceito nos Estados Unidos) – fez circular dois artigos datilografados dos quais apenas um foi publicado: "Freud, Minna Bernays and the Conquest of the Rome: new light on the origins of psychoanalysis" (*New American Review*) e "Freud, Minna Bernays and the Imitation of the Christ".

Swales baseava-se numa passagem de *A psicopatologia da vida cotidiana* em que Freud conta a história de um rapaz, judeu vienense, que ele conhecera por ocasião de uma de suas viagens e que esquecera uma palavra ao citar um verso de Virgílio, aquele em que Dido aguarda seu vingador: "*Exoriare aliquis nostri ex ossibus ultor*", o que significa: "E tu qualquer um [*aliquis*] nascido de minhas ossadas, meu vingador."

Bom, o rapaz omitira a palavra *aliquis* e Freud lhe pedira que fizesse associações livres a partir dela. O rapaz então a associara a *liquis*, depois ao sangue que todo ano se esvai do

---

[5] Tese reiterada por Michel Onfray.

[6] Os famosos "destruidores de Freud".

famoso são Genaro, na igreja napolitana que ele tão bem conhecia por tê-la visitado várias vezes. A partir de extrapolações em torno de *liquis*, ele acaba por revelar a Freud seu receio de que a amante lhe confessasse uma "notícia aborrecida": um atraso das regras, o que significaria que estava grávida.

Extraindo desse célebre texto uma interpretação de sua lavra, Swales pretendia demonstrar que o pretenso caso desse rapaz era pura invenção, referindo-se na realidade à vida de Freud e não à de seu paciente; de certa forma, uma autobiografia dissimulada por trás do enunciado do caso. Nessa perspectiva, Freud não passaria, para Swales, de um autor de obra centrada exclusivamente em si próprio, não universalizável. Ou seja, não seria mais o rapaz que teria receado que sua amante engravidasse, mas o próprio Freud, o qual, segundo Swales, teria tido um relacionamento com a cunhada, engravidando-a e depois obrigando-a a abortar.

Eis, portanto, como a historiografia norte-americana dita "revisionista" terminou por soçobrar no delírio interpretativo – recorrendo, a propósito, a uma aplicação selvagem da concepção freudiana de interpretação.

Essa interpretação estarrecedora de Swales fez um tremendo sucesso nos Estados Unidos. É que ela permitia aos antifreudianos radicais afirmar que a psicanálise era uma devassidão saída diretamente da imaginação de um falso cientista divagador: Freud, aquele mentiroso, teria inventado relatos de casos ao mesmo tempo em que extorquia somas astronômicas de pobres doentes a quem não tratava nem curava.

Promoveu-se assim uma campanha, orquestrada por Peter Swales e Adolf Grünbaum, os quais, com a maior seriedade do mundo, pretendiam consertar os erros dos historiadores ditos "pró-freudianos" ou "hagiógrafos", a fim de compeli-los a reescrever seus textos em função da "nova prova arquivística"... que não existia.

Após ter mantido um longo contato com Swales, que me transmitia documentos da Biblioteca do Congresso, eu mesma fui "ameaçada" e insultada por ele na imprensa norte-americana e brasileira. Ilse Grubrich-Simitis, a grande especialista alemã em manuscritos de Freud, recebeu, por sua vez, laxantes inseridos em cartas expedidas por Swales.

Sob o pseudônimo de "Aliquis", os dois comparsas planejaram, assim, ameaçar a comunidade internacional dos historiadores do freudismo e da psicanálise intimando-os a fazer uma "autocrítica". Em seguida, apareceram em todas as mídias para explicar que Freud era um falso cientista que projetara suas próprias fantasias sobre os pacientes.[7] Todas as suas teorias não passavam, repetiam eles, de relatos autobiográficos emanando de um perverso que molestava a cunhada e inventava, a respeito de seus pacientes, tal qual os inquisidores de outrora, "abusos" que os forçava a confessar.

Naturalmente, essas extravagâncias obrigaram os historiadores a levar a sério o caso Minna, transformando-o num problema historiográfico. Foi nessa perspectiva que Peter

---

[7] É a isso que se dedica atualmente Michel Onfray, que os imita à perfeição.

Gay, o último biógrafo de Freud, publicou um artigo em 1990 intitulado "O cão que não latia à noite".[8]

Explicando que haviam sido as negações de Ernest Jones, depois as afirmações de Peter Swales e seus aliados que o tinham levado a se debruçar sobre a questão – como, aliás, o historiador alemão Albrecht Hirschmüller,[9] que examinou a correspondência integral entre Freud e Minna, ainda inédita –, Peter Gay percebeu então que faltavam algumas cartas. Entretanto, nada autoriza afirmar que essas peças de arquivo tivessem sido escamoteadas. O que o leva a comparar as cartas ausentes ao cão de Sherlock Holmes (que não latia à noite). Como todo historiador digno desse nome, Peter Gay comprometeu-se a mudar de opinião no caso de uma nova descoberta que comprovasse a existência desse relacionamento. Mas enfatizou que nada, por ora, sugeria tal revisão.

Foi esse debate que voltou à tona em 2007, merecendo primeira página em toda a imprensa norte-americana e alemã, quando um sociólogo alemão, Franz Maciejewski, afirmou ter descoberto um novo arquivo: a assinatura de Freud, consignada no registro do hotel Schweizerhaus e datada de 13 de agosto de 1898. Consta de fato no registro, do punho de Freud: "*Doctor Freud u Frau.*"

Não faltava mais nada para reacender o debate. As ameaças recomeçaram, tendendo a impor a ideia de que, naquela

---

[8] Peter Gay, *En lisant Freud, explorations et divertissements*, Paris, PUF, 1995.

[9] Autor de uma bela biografia de Josef Breuer, que restabelece a verdade sobre o caso Bertha Pappenheim: *Josef Breuer*, Paris, PUF, 1991.

ocasião e naquele dia, Freud de fato passara a noite no luxuoso hotel com Minna – e não defronte – e que fizera a cunhada dizer-se sua mulher. O mais espantoso é que, a título de "prova" do "delito", o *New York Times*, na data de 24 de dezembro de 2006, publicou uma fotografia do quarto 11 da maneira como está arrumado hoje, com um televisor e duas camas de solteiro...

Essa informação foi repetida em seguida por Ursula Gauthier, jornalista do *Nouvel Observateur* (responsável pelo famoso número de setembro de 2005 dedicado ao *Livro negro da psicanálise*).[10] Num artigo, ela me intima a "revisar" meu *Dicionário de psicanálise* e adotar a nova verdade, enfim revelada, a respeito das patifarias e transgressões de Freud. Respondi questionando o sentido da publicação daquela fotografia: o quarto de hoje como pretensa "prova arquivística".[11]

Resultado: toda a imprensa mundial, por sinal pressionada por Peter Swales, inferiu que, agora, o relacionamento estava comprovado e que em virtude disso toda a elaboração conceitual de Freud estaria invalidada.[12]

Que possam extrair uma "prova" desse arquivo, eis o que efetivamente representa um problema. Por um lado, Freud pode ter assinado esse registro e mudado de hotel, uma vez

---

[10] Catherine Meyer (org.), *Le livre noir de la psychanalyse*, Paris, Les Arènes, 2005.

[11] Ursula Gauthier, "Sexe, mensonges et libido", *Le Nouvel Observateur*, 11 jan 2007. E Elisabeth Roudinesco, "Freud polygame? La psychanalyse sur le bûcher", *Le Nouvel Observateur*, 1º fev 2007.

[12] *Frankfurter Rundschau*, 28 set 2006; *Sunday Times*, 7 jan 2007.

que passou três noites em Maloja; por outro, pode perfeitamente ter dormido castamente com Minna nesse quarto (cuja disposição antiga desconhecemos), já que, como vimos, acontecia-lhes de dormir às vezes no mesmo quarto quando não conseguiam reservar dois.

Seja como for, o pesquisador alemão contentou-se com essa assinatura para dar crédito à tese de um Freud amante da cunhada e dissimulador, enquanto o mínimo a ser feito teria sido consultar o registro do hotel defronte – se porventura este ainda existisse – e informar-se sobre a disposição dos quartos na época.

Longe de interpretar esse arquivo como uma *prova* do "caso", podemos igualmente afirmar que o "*u Frau*" significa que Freud sentia-se culpado por circular na companhia da cunhada e que preferira identificá-la como esposa, a fim de ficar em paz consigo mesmo. Podemos ainda interpretar o "*u Frau*" de outra forma. No mundo germânico da época, e principalmente na Suíça alemã, esse sintagma significa que se optava por um quarto duplo, independentemente da pessoa com a qual se viajava. Como ainda hoje na Itália quando reservamos um quarto "*matrimoniale*": comunicamos, assim, que haverá "duas pessoas" (um quarto duplo), sem que isso signifique tratar-se de um "casal". É perfeitamente plausível que Freud tenha utilizado a expressão nessa perspectiva.

Seja como for, se houve "*affair*", ele teve necessariamente de ser breve, limitando-se a essa primeira viagem, na qual de fato percebemos uma excitação fora do comum.

Um psicanalista suíço, Ferruccio Bianchi, frequentador desse hotel, onde passa anualmente as férias de inverno, e alertado por toda essa celeuma, parece ter solucionado o "problema do quarto". Escreveu ele em abril de 2007:

> Hospedei-me muitas vezes no quarto 23 e, portanto, conheço-o bem. O quarto 11, onde Freud hospedou-se, é hoje o quarto 23. E esse quarto 23 é um quarto duplo, uma espécie de pequeno apartamento com um cômodo grande e um menor, que se comunica com o outro. Conheço-o bem, pois estávamos em família e nossas crianças ficavam no quarto pequeno. O gerente me confirmou que na época a disposição era a mesma.[13]

Por conseguinte, agora está estabelecido que a tese de Swales é tão falsa quanto a hipótese de Maciejewski está sujeita a exame: Freud definitivamente não engravidou a cunhada para fazê-la abortar, e o quarto onde teria se hospedado talvez não seja o que se crê.

Isso não impede Maciejewski de prosseguir com suas buscas. Só nos resta aguardar a publicação de um novo panfleto. Quem sabe então não seja uma boa oportunidade para eu conhecer Engadina... Continua.

---

[13] *Le Carnet Psy*, abr 2007.

IV. Outras vozes

1. Onfray ou a fraude

Guillaume Mazeau[1]

Antes mesmo de sua publicação, o último livro escrito por Michel Onfray contra Freud foi objeto de um violento debate. Muito barulho por nada? A historiadora da psicanálise Elisabeth Roudinesco não estaria exagerando ao pintar Onfray com as mais negras tintas? Muito pelo contrário. As distorções de Onfray não são novas e merecem ser levadas ao conhecimento do público.

Em 2009, Michel Onfray publicou uma apologia de Charlotte Corday, *La religion du poignard*.[2] Apesar de curio-

---

[1] Guillaume Mazeau é *maître de conférences* em história moderna no Instituto de História da Revolução Francesa (Universidade Paris-I). Publicou *Le bain de l'histoire. Charlotte Corday et l'attentat contre Marat (1793-2009)*, Seyssel, Champ-Vallon, 2009. Outra versão do presente texto foi publicada no site do Monde.fr, 22 abr 2010.

[2] Michel Onfray, *La religion du poignard. Éloge de Charlotte Corday*, Paris, Galilée, 2009. [Charlotte Corday (1768-1793) assassinou o deputado Jean-Paul Marat (1743-1793), editor do jornal *L'Ami du Peuple* e um dos revolucionários mais atuantes durante o chamado período do Terror. Ele foi morto em 13 de julho de 1793 na banheira da própria casa, tornando-se

samente bem recebida pela imprensa, é historicamente medíocre e politicamente escandalosa. Desde Adam Lux (1765-1793), aquele cidadão de Mayence guilhotinado por ter publicado uma ode de amor em homenagem à bela Corday, a lista daqueles que o "Anjo do Crime" fez perder a cabeça não para de aumentar. Embora integre uma revitalização mais generalizada de Corday, o recém-lançado livro de Michel Onfray só pode surpreender e preocupar, ainda mais quando conta com a bênção da grande imprensa. Pois tal elogio esconde um panfleto mal-inspirado, jamais fundamentado, recheado de erros, pontuado de ataques venenosos, arbitrários – e, para resumir, populistas. Onfray quer mostrar que Charlotte Corday pode estimular todos aqueles que, cansados de uma esquerda de ressentimento impotente e erodida por ódios e invejas, permanecem fiéis à ação, à moral e à virtude.

O principal alvo de Onfray é Marat. O revolucionário supostamente personifica o cinismo dos "desgarrados do Iluminismo", que aproveitam a Revolução para aplacar suas frustrações sociais e liberar mais pulsões:

> Esse filho de padre, falsificador de diploma, médico charlatão, cientista de araque, vivissecador de fundo de quintal e arrematador de cadáveres humanos, obtém um posto de médico dos guardas do conde de Artois por influência de uma paciente

---

um mártir da Revolução. Charlotte Corday foi guilhotinada quatro dias após o assassinato. (N.T.)]

cujo furor uterino ele trata expondo-se ao perigo. (*La religion du poignard*, p.24)

Esse fel basta: o livro jamais consegue alçar-se acima dos delírios com que a extrema direita vem nos enchendo os ouvidos há dois séculos. Como tantos outros antes dele, Onfray descreve Marat, pária da história francesa, como um cientista frustrado, um maníaco sanguinário responsável por "crimes de massa" sonhando com uma ditadura pré-totalitária. Para Marat, a Revolução Francesa não seria mais do que "a oportunidade de exprimir seu ressentimento assim como extraímos pus de um cancro!" (p.24).

Esses clichês anacrônicos, destituídos de imaginação, oriundos da propaganda contrarrevolucionária, foram há muito varridos por centenas de trabalhos científicos. Sem negar a responsabilidade de Marat nas violências, muitos historiadores contestaram, por exemplo, sua imagem de tribuno onipotente: em 1793, o Amigo do Povo era amado pelos *sans-culottes*, mas achava-se isolado politicamente. Não, Marat não era delator, mas partidário de uma "denúncia cívica" que permitisse defender o povo contra a corrupção política. Não, Marat não prefigura nem Stálin nem Pol Pot. É um republicano influenciado por Maquiavel que justifica a violência popular em tempos de revolução como um meio de evitar a anarquia e a propagação dos massacres. A "ditadura" por ele mencionada inspira-se eventualmente no modelo romano: provisória e colegiada, deve permitir salvar a República em épocas conturbadas. Não, Marat não era um charlatão, mas um médico e cientista renomado. Ora, todos esses trabalhos reposicionando Marat no contexto do Iluminismo são soberbamente ignorados por Onfray. Ao longo de todo o livro, o leitor é bombardeado com as citações mais violentas, totalmente inventadas. Marat evidentemente nunca disse: "Eu queria que todo o gênero humano estivesse numa bomba à qual eu atearia fogo para fazê-la explodir" (p.27). E não, o braço do Amigo do Povo nunca caiu no meio da multidão durante o cortejo fúnebre (p.79). Ao lado de tais inépcias, o escândalo de "Botul" – esse autor imaginário não obstante citado seriamente por Bernard-Henri Lévy em seu último livro[3] – acaba não passando de um logro vulgar.

A propósito, a quem nossas críticas se dirigem? A Onfray, a Nietzsche, ao historiador Charles Vatel, a Jules Michelet ou a Balzac, de cujos textos o "autor" livremente faz uso? Assinado por um dos intelectuais mais midiáticos de nossa época, esse ensaio levanta a questão crucial do status do historiador.

Redigido às pressas, o texto não se fundamenta em nenhum trabalho de pesquisa. Se, por um lado, o recurso à ficção é uma prática comum, interessante e legítima da escrita da história, por outro, a mistura de gêneros é contestável quando não claramente explicitada. Cultivando a ambiguidade em torno do status de seu livro, evitando cuidadosa-

[3] Bernard-Henri Lévy, *De la guerre en philosophie*, Paris, Grasset, 2010. [Em seu livro, o filósofo Bernard-Henri Lévy cita Botul como um autor importante, ao passo que se trata meramente de uma criação do escritor Frédéric Pagès. (N.T.)]

mente esclarecer qual a sua relação com os fatos, Onfray rompe o contrato de verdade que instaurara tacitamente com seus leitores. Com efeito, seu ensaio não passa de uma colagem de interpretações e compilações do século XIX... cuja natureza ou fontes em nenhum momento são reveladas pelo "autor". Isso autorizaria Onfray a parafrasear, por exemplo, textos pura e simplesmente apócrifos, extraídos da... tradição mais conservadora! Desse modo, os detalhes edificantes sobre os últimos momentos de Charlotte Corday, chorada por toda a direita clerical do século XIX, são repetidos *ipsis litteris*. Onfray, filósofo ateu e libertário por excelência, coloca-se assim, sem o saber, sob os auspícios das *Memórias de Sanson*[4]... escritas por um impúbere Balzac na aurora dos anos 1830, escritor católico e monarquista por excelência! Quanto aos múltiplos episódios que deveriam desvendar as "causas secretas" do assassinato, foram pura e simplesmente forjados meio século depois dos fatos pela sra. Maromme, fervorosa legitimista![5]

Nesse ensaio, as elites, todas corruptas, não encontram mais misericórdia por parte do autor do que as classes populares, desumanizadas com um asco que quase faria corar de vergonha Gustave Le Bon e Hyppolite Taine juntos ("a malta maratista de cães em fúria abate, mata, massacra, extermina", p.32). Cegado pelo ódio, Onfray recusa-se a ver

---

[4] Charles Henri Sanson: carrasco da guilhotina na época da Revolução Francesa. (N.T.)

[5] Ver Jean Casimir-Perier, "La jeunesse de Charlotte Corday", *Revue des Deux Mondes*, 1º abr 1862.

os *sans-culottes* de outra forma a não ser como selvagens, brindados com uma consciência política meramente proporcional ao volume de seu estômago ("o povo não quer nem a Liberdade nem a República, quer matar sua fome, só isso", p.10).

Porém, bastam algumas horas de pesquisa para recensearmos a longa lista dos trabalhos que descrevem sem artifícios a lenta politização dos franceses ao sabor dos múltiplos conflitos do século XVIII. Qualquer estudante de história sabe hoje em dia que os *sans-culottes* passaram a maior parte de seu tempo não massacrando ou devorando seus inimigos, mas elaborando práticas democráticas ou participando da manutenção da ordem. Onfray acha sinceramente que o canibalismo foi prática corriqueira durante a Revolução Francesa?[6] Os clichês desfilam ao longo das páginas: como Onfray pode definir o federalismo como sendo a recusa do centralismo jacobino (p.45)? Como pode reduzir o Terror a um imenso banho de sangue provocado por *serial killers* como Marat ou Sade (cap.9)? Como pode, desde a primeira página, explicar a Revolução como resultado de um efeito borboleta engendrado por uma tempestade desencadeada em... 13 de julho de 1788 (p.13)?

Quanto à Charlotte Corday de Onfray, simplesmente nunca existiu... A não ser sob a pena melancólica dos his-

---

[6] A descrição feita por Onfray do massacre de Henri de Belsunce (11 ago 1789) é antológica: "um certo Hébert, homônimo de Cordelier, autor de *Padre Duchêne* e originário de Alençon, destrincha as partes carnudas do visconde e as põe na grelha ..." (*La religion du poignard*, p.18).

toriadores dos Anos Negros,[7] assombrados pela decadência e fascinados diante das figuras do nacionalismo. Assim, a heroína desse ensaio não passa de um triste avatar da Viking e da Ariana outrora celebrada pelos historiadores da Action Française e da direita colaboracionista que cuspiam no "judeu Marat", como Jean de la Varende, Maurice d'Hartoy, fundador dos Cruzes-de-Fogo, ou Pierre Drieu La Rochelle. Na esteira daqueles que vomitaram seu asco pelo mundo encontrando refúgio no antiliberalismo, no antiparlamentarismo e no anti-Iluminismo, Onfray celebra Corday como uma virgem romana (desde quando Onfray vê a virgindade como uma virtude?)... Com a diferença de que, e isso não é a invenção menos intrigante, essa Charlote é metamorfoseada numa libertária ateia sob o único pretexto de que recusou a assistência de um padre antes do cadafalso (p.51)!

Onfray inflige-nos aqui seu maior contrassenso. Antiga interna beneditina, Corday defendia efetivamente opiniões religiosas muito conservadoras, desprezando as ordens menores e recusando qualquer contato com o clero constitucional, daí ter repelido um confessor que teria prestado juramento à Constituição civil do clero. Para Charlotte Corday, o assassinato de Marat é em parte um ato de fé destinado a transformá-la numa herdeira das mártires cristãs.

Esse livro ruim parece tender para um único objetivo: denunciar a classe política atual, apresentada como imoral,

[7] Referência ao período 1940-44, quando a França se dividiu entre resistentes aos nazistas e colaboracionistas. (N.T.)

corrupta e sem substância. Adepto da "religião do punhal", Michel Onfray trai, porém, o inventor da expressão: Jules Michelet. Em 1847, este último escolhera Charlotte Corday para fazer um elogio da resistência à opressão, reproduzindo uma ideia sugerida por Adolphe Thiers vinte anos antes.[8] Mas o contexto era então bem diferente: na época esses dois historiadores viam-se confrontados com regimes monárquicos muito mais liberticidas que o nosso!

A vitória póstuma de Charlotte Corday sobre Marat na memória coletiva, inegável, é comparada por Onfray à da Resistência diante de todas as formas de opressão e "à de todos aqueles que, hoje, opõem a virtude à corrupção política" (p.81). Comparando o 13 de julho de 1793 ao 18 de junho de 1940,[9] Onfray, que dedica seu livro a um ex-resistente, pretende arrancar os franceses do niilismo contemporâneo e provocar a passagem ao ato. Nossa época de crise aguda traduz-se por um profundo desejo de história. Aproveitando-se da desorientação, os agitadores menos escrupulosos de nosso tempo podem repentinamente erigir-se em visionários e atear fogo no circo graças à cumplicidade interessada da mídia. Ao lermos seu ensaio, convencemo-nos de que

[8] Jules Michelet, *Histoire de la Révolution Française*, cap.4, "Une opinion opprimée se signale presque toujours par un coup de poignard", Paris, Chamerot, 1847-53 (Adolphe Thiers, *Histoire de la Révolution Française*, Paris, Lecomte et Durey, 1823-27, p.261).

[9] 13 de julho de 1793: dia do assassinato de Marat e véspera do quarto aniversário da queda da Bastilha; 18 de junho de 1940: data do famoso apelo à resistência aos nazistas feito por Charles de Gaulle às vésperas da assinatura do armistício pela França, no dia 22. (N.T.)

Michel Onfray pertence a essa categoria de autores confortavelmente instalados no proscênio, mas que representam um perigo real do ponto de vista da transmissão dos valores do saber.

2. O homem da flor de cimento

Christian Godin[1]

A popularidade atribui ao intelectual uma responsabilidade particular, sobretudo quando fundada em uma reputação de liberdade em relação às instituições. A ideia de uma "contra-história da filosofia" havia atraído para Michel Onfray simpatias além do círculo de *groupies* da Universidade Popular de Caen. Agora, porém, ao lançar seu panfleto contra Freud, o incendiário acabou por se desqualificar – inclusive diante dos que não têm uma concepção limitada da filosofia.

Le crépuscule d'une idole é uma invectiva de mais de quinhentas páginas recheadas de despautérios. Para demolir o fundador da psicanálise, tudo entra ali: drogas, sexo, dinheiro. A crer em Onfray, a psicanálise não passou, no fim

[1] Christian Godin é *maître de conférences* em filosofia na universidade de Clermont-Ferrand, autor de *Dictionnaire de philosophie*, Paris, Fayard/Éditions du Temps, 2004, e de cerca de outros vinte livros, dos quais o mais recente é *Le pain et les miettes*, Col. Hourvari, Paris, Klincksieck, 2010. O título deste artigo é extraído de uma canção de Jacques Dutronc.

das contas, de um negócio lucrativo. E, para completar o quadro, acrescente-se um burguês reacionário, tentado pelo fascismo, falocrata e homofóbico.

Onfray afirma ter lido tudo de Freud. Dispomo-nos a acreditar nisso. Mas o que faz com sua leitura? Seu livro não contém nenhuma ideia: não vamos chamar de "ideias" suas afirmações. Quanto aos conceitos, teoricamente assunto específico do filósofo, é em vão que o leitor procure vestígio deles. André Malraux dizia, com propriedade, que não há grandes livros "contra". *Le crépuscule* não é sequer um livro "contra", mas um sintoma, de tal forma as obsessões ocupam nele o lugar do pensamento, e os boatos o das argumentações.

Qualquer leitor de Freud um pouquinho atento descobre em sua obra o gênio inventivo, a força de uma inteligência sempre alerta, a ampla cultura e a modéstia, bem como os escrúpulos do cientista. Se Onfray não viu nada disso é porque seu Freud não passa de um espantalho forjado pelo semeador de ervas daninhas que ele é.

Mas talvez haja algo mais grave. O fato de atacarem a psicanálise – apenas cinco anos após o sinistro *Livro negro*[2] – como se ela fosse onipotente já assinala o grave erro de diagnóstico. Afinal, quem detém o poder em nossa sociedade são, evidentemente, as terapias de autoajuda e medicamentosas.

Como se não bastasse, para além do caso Freud, há a psicanálise, e para além da psicanálise, a ideia de inconsciente.

---

[2] Catherine Meyer (org.), *Le livre noir de la psychanalyse*, Paris, Les Arènes, 2005.

O descarte da única força de resistência capaz de vencer a ficção e as ilusões do sujeito neoliberal que administra sua existência e seus prazeres como um executivo de empresa – é para isso que servirá o livro de Onfray, se vier a servir para alguma coisa.

Nietzsche, que Onfray reivindica e cujo título afanou, dizia "filosofar a golpes de martelo". Mas o martelo é igualmente a ferramenta do escultor. Já Onfray avança a golpes de retroescavadeira. É assim que fazem quando os velhos quarteirões da cidade são arrasados para se construir no lugar um estacionamento ou um shopping center. *Le crépuscule* é um livro para esse tipo de especulador…

3. As ligações perigosas de Michel Onfray

Franck Lelièvre[1]

O último panfleto de Michel Onfray vem se beneficiando de uma campanha promocional digna do filme *Avatar*, de James Cameron. Impossível evitá-lo. O livro parece pré-vendido, pré-comprado, pré-aclamado. Para apresentar o autor, o *Libération*, que fala dele como da tonelagem de um navio ou de uma liquidação, estampa em negrito em sua manchete: "500 mil, este é o número de exemplares vendidos do *Tratado de ateologia*."[2]

O livro também é "pré-lido". Como agora é de praxe, uma série de revistas e sites disponibilizaram "páginas interessantes". Nesse ínterim, uma crítica irrespondível, publicada em *Le Monde des Livres* sob a pena de Elisabeth Roudinesco,[3]

---

[1] Frank Lelièvre é professor de filosofia do curso secundário em Caen. É fundador da Sociedade Normanda de Filosofia.

[2] *Libération*, 17 e 18 abr 2010. Cf. igualmente Les Inrocks.com, 20 abr 2010.

[3] *Le Monde*, 15 abr 2010.

e simultaneamente uma versão integral disponibilizada na internet nos permitiram fazer uma ideia precisa de seu conteúdo e da polêmica anunciada, e isso antes mesmo de sua chegada às livrarias.

"Freud é realmente uma caça reservada e sua obra proibida de releitura crítica?", responde Onfray. Em outro artigo no *Le Monde*[4] contesta em particular a suspeita de antissemitismo,[5] nega ter escrito que "Kant é um precursor de Adolf Eichmann" e declara-se capaz de surpreender sua crítica em flagrante delito de impostura.

> Eu teria levado cinco meses lendo a obra completa de Freud: o prefácio assinala (p.16) que comecei minha leitura em 1973. A sra. Roudinesco afirma que meu livro não contém … "fontes bibliográficas"! Ora, se a sra. Roudinesco tivesse tido o livro nas mãos e não houvesse se contentado com suas fantasias, teria constatado que existe uma bibliografia comentada de vinte páginas com entrelinha "simples", ou seja, verifiquei em meu arquivo 56.521 caracteres… Nada mal para uma bibliografia inexistente!

Em quem acreditar? Como fazer? Comprar um livro desse tipo é um pouco como "vender seu cérebro à Coca-Cola"; não lê-lo é faltar com as regras mais elementares da deontologia intelectual. Resta a alternativa de consultar na

---

[4] Le Monde.fr, 22 abr 2010.

[5] Do que, aliás, ninguém o acusa.

livraria a famosa bibliografia e tirar a limpo a coisa. O que qualquer um pode fazer por conta própria e com pouca despesa...

De fato, salta aos olhos que não se trata de uma bibliografia: nosso ex-colega evidentemente ignora as regras do método historiográfico, que exige um debate preciso sobre as fontes no fim do volume ou em notas de rodapé. O que ele nos propõe em lugar e na função de uma verdadeira bibliografia é um inventário em forma de *digest* destinado a seu público no qual despeja tudo o que leu, o que se deve ler e, sobretudo, algo inaudito em se tratando de uma bibliografia: *o que convém não ler*! Mais marcado do que ele próprio julga por seus estudos em uma instituição religiosa, enumera então as leituras recomendáveis e aponta carolamente as ruins. Como nas edições escolares, mas aqui de maneira muito mais prolixa, os títulos são acompanhados de extensíssimos comentários destinados provavelmente aos leitores que convém instruir – ou já intoxicados.

As "autoridades" em matéria de "psicanálise", por exemplo, são divididas em dois grupos, conforme elas lhe sejam favoráveis ou desfavoráveis. Estas são reputadas *ipso facto* indignas de crédito e ilegíveis. Aquelas, longamente reprimidas por uma conspiração poderosíssima, são declaradas seguras, pois desmitificadoras e audaciosas. Dizem A Verdade. Entre elas encontramos em lugar privilegiado referências à extrema direita francesa, em particular aos livros de Debray-Ritzen e Bénesteau. Em posição igualmente privilegiada, o livro que despertou o autor de seu "sono dogmático", isto é, *O livro negro da psicanálise.* Entre os que autorizam uma crítica, segundo ele, radical de Freud e de uma vertente distinta dessa direita cujo elogio ele não obstante acaba por pronunciar, Onfray é especialmente condescendente com Erich Fromm, Wilhelm Reich e Herbert Marcuse, que serão destaque, diz ele, em seus próximos cursos.

Vem então a lista dos filósofos que criticaram o inconsciente, de Alain a Derrida. Ele faz uma menção especial a Sartre, e julga-se esperto ao encerrar sua enumeração completamente disparatada com um excerto do diálogo de Jacques Derrida com Elisabeth Roudinesco publicado sob o título *De que amanhã...*[6] Que relação há, porém, entre uma tradição viva, complexa e apaixonada, a do colóquio singular entre filosofia francesa e psicanálise, e um procedimento carregado de preconceitos, escândalo e afirmações peremptórias?

Que conclusão tirar da consulta a essas páginas dispostas no fim do livro?

Quando se trata de referência baseada na extrema direita francesa, Onfray recorre a um procedimento bastante curioso. Incita-nos a separar, não sabemos muito como, o joio do trigo. Preso no rebotalho das declarações exacerbadas e claramente reacionárias, defende a existência de um conteúdo de realidade, confiável, interessante e não contaminado. Em suma, pretende mostrar que podemos defender as auto-

---

[6] Elisabeth Roudinesco e Jacques Derrida, *De que amanhã... Diálogo*, Rio de Janeiro, Zahar, 2004, [2001]. (N.T.)

estradas de Hitler sem sermos nazistas, e o aterro dos pântanos de Pontine, por Mussolini, sem sermos fascistas. E agora?

Além disso, nessa pretensa bibliografia, Onfray menciona efetivamente que releu "todo o Freud em cinco meses" (*sic*), detalhando inclusive os meses e o ano. Da mesma forma, seu recente livro *Le songe d'Eichmann* [O sonho de Eichmann] contém literalmente a afirmação mais que odiosa segundo a qual Eichmann é "um kantiano entre os nazistas". Nesse ponto, por conseguinte, sua defesa no artigo do *Le Monde* é uma fraude.

Naturalmente, ninguém está proibido de pensar o que quiser sobre a eficácia da psicanálise. Mas o que dizer da equação sistemática estabelecida por Onfray: dinheiro logo ganância logo perversão? O que dizer do uso do opróbrio generalizado? Por fim, e acima de tudo, acusar um pensador judeu, não obstante ateu e materialista, de ser ganancioso, mentiroso, perverso e idealizador de uma vasta conspiração mundial visando estender seu império sobre o mundo é exatamente o que se costuma qualificar de antissemitismo, e se não for isso, sugere-o escandalosamente.

É essa proximidade, essa possível fraqueza que me preocupa pessoalmente – como filósofo. Que eu saiba, nenhum jornalista colocou a questão nesses termos para Michel Onfray. E não foi por falta de oportunidade.

4. Um golpe de esperteza

Pierre Delion[1]

Poder discutir sobre a psicanálise e seus limites como sistema psicopatológico e/ou de sucesso terapêutico é uma das possibilidades oferecidas pelo debate democrático. Com a condição de fazê-lo de maneira informada e rigorosa. Mas aproveitar-se de uma aura midiática para transformar o necessário debate em caricatura assemelha-se a abuso de poder. E a democracia atual, devastada por sua deriva midiática simplificadora, realmente não precisava desse golpe de esperteza.

Se me permito participar da discussão, é porque alguns esquecem, com uma estranha desenvoltura, o progresso que a psicanálise freudiana permitiu realizar em um mundo igualmente estranho, o da doença mental, o da psiquiatria.

[1] Pierre Delion é professor de pedopsiquiatria na Faculdade de Medicina de Lille-II e professor de várias universidades. É um dos fundadores do coletivo Pas de Zéro de Conduite.

Os progressos da reflexão de Philippe Pinel e do enfermeiro Pussin resultaram, no fim do século XVIII e início do XIX, na criação de hospícios departamentais:[2] tratava-se então de sair de uma época de sinistra memória, quando os loucos eram acorrentados nas masmorras das prisões. Em seguida, esses estabelecimentos asilares, embora destinados a doentes mentais, tornaram-se estabelecimentos de confinamento. Com efeito, ao se agrupar pacientes em serviços psiquiátricos fechados para ajudá-los a redescobrir o sentido de sua existência graças a um tratamento moral, corria-se o risco de não proporcionar a todos uma relação verdadeira.

Daí o risco quase mecânico de organizar o que François Tosquelles, um dos pioneiros da psicoterapia institucional, chamou de "contratransferência institucional": algo como um esquivamento da relação subjetiva. Assim, toda a evolução do século XIX não teria alterado nada disso se Freud não tivesse permitido a mudança desse paradigma, obrigando a psiquiatria a tomar um novo caminho: aquele que considera o doente mental um irmão em humanidade, capaz de se apoiar sobre seus próprios recursos e sobre os de sua comunidade de pertencimento para mudar a trajetória de seu destino.

A relação terapêutica com o paciente, conceituada por Freud como "relação transferencial", oferecia, portanto, uma possibilidade de modificar profundamente a existência

---

[2] Ver Jacques Postel, *Genèse de la psychiatrie. Les premiers écrits de Philippe Pinel*, Paris, Les Empêcheurs de Penser en Rond, 1998.

trágica do doente. Porém, embora Freud teorizasse sobre esses pontos de vista eminentemente dignos de interesse para as pessoas neuróticas do início do século XX, seria preciso esperar o fim da Segunda Guerra Mundial para que psiquiatras – Georges Daumézon, Lucien Bonnafé, Jean Oury e outros –, após assimilarem essas noções, estivessem em condições de propô-las ao Estado a fim de que este as colocasse em prática para os psicóticos. Por custódia, poderemos tornar habitáveis e humanos os espaços reservados aos pacientes nos serviços de psiquiatria e mudar, assim, o modo de encontro entre aquele que sofre psiquicamente e a equipe encarregada de acolhê-lo.

A primeira etapa consistiu em levar atendentes e pacientes a participar da organização de uma vida coletiva com o intuito de arrancar estes últimos de sua lendária inatividade, uma maneira de cada um pôr-se a caminho em busca de uma saída dos processos de alienação e de dependência consubstanciais ao hospício antes de Freud. Esse trabalho psiquiátrico específico, realizado por Tosquelles e seus colegas no hospital de Saint-Alban, em Lozère, serviu de modelo para uma nova forma de funcionamento, mais humana, dos serviços de psiquiatria: criação de clubes terapêuticos, desenvolvimento de atividades culturais etc. Tudo isso levaria, finalmente, as equipes de atendentes a pensar as condições da psicoterapia das pessoas psicóticas em torno de "constelações transferenciais" e "estruturas institucionais" suscetíveis de dar conta de "transferências dissociadas" e, consequentemente, a tratá-las.

Mais tarde, a partir de março de 1960, a introdução da psiquiatria de setor constituiu um marco na verdadeira revolução da psiquiatria do último século, na medida em que seria alimentada pela experiência freudiana. Entretanto, para que a doutrina do setor psiquiátrico pudesse prestar os serviços que se esperava de sua implementação, parecia necessário "habitá-la", de maneira a que as condições de vida cotidiana oferecidas aos pacientes fossem aceitáveis. Ora, quase sempre se esquece de que foi esse "teórico-prático" que permitiu transformar radicalmente os hospícios e tratar dos pacientes sem internação, reservando-se eventualmente o direito de hospitalizá-los.

Afirmo que foram Freud e seus sucessores, e no mesmo nível coloco os fundadores da psicoterapia institucional e da psiquiatria de setor, que, juntos e distantes no tempo, permitiram essa evolução formidável ao modificarem profundamente a disposição dos atendentes e, em seguida, suas práticas.

O fato de hoje esses avanços serem ridicularizados confusamente por alguns, como Michel Onfray – que se paramenta a preço vil com a parafernália de uma verdade dita pós-nietzschiana autorrevelada –, ameaça estimular a volta à psiquiatria securitária. Por meio da destruição da psiquiatria de rosto humano, os ideais do século XIX e do confinamento fazem um retorno espetacular, ao passo que sabemos que Freud contribuiu para mudar a imagem da loucura e transformá-la em um drama humano entre outros, dando esperança a milhões de pessoas doentes e a seus atendentes.

E porque sou pedopsiquiatra, quero lembrar que apenas o pensamento de Freud, aprofundado por suas discípulas Melanie Klein e Anna Freud, permite enfrentar as prescrições medicamentosas e outras práticas educativo-comportamentais que tendem a dominar a pedopsiquiatria. A prescrição medicamentosa deve ser fornecida quando necessária, o que raramente é o caso em pedopsiquiatria, não apenas para diminuir os sintomas que entravam o desenvolvimento da criança, mas, sobretudo, para facilitar sua psicoterapia. E as psicoterapias de inspiração freudiana são, até onde sei, prolíficas em façanhas quando praticadas em boas condições, isto é, por pessoas formadas, acolhendo os pais como aliados naturais da criança e abertas a outras dimensões do sofrimento psíquico desta – tanto seus aspectos neurocientíficos como os antropológicos e socioeconômicos.

Atacar Freud sem indulgência, por provocação e em nome de um esteticismo melancólico é um erro moral. Mas fazê-lo omitindo que os livros de Freud foram queimados pelos nazistas é assumir o risco de ser assimilado aos desinformadores mais vis, o que não deixa de surpreender vindo da parte de um reputado filósofo.

E, no caso, estamos às voltas com um campeão.

5. Filosofia do ressentimento, sociedade do espetáculo

Roland Gori[1]

Os franceses perderam cruelmente a esperança e a confiança no futuro e temem pelo pão cotidiano de seus filhos. Segundo algumas pesquisas, um francês em cada dois receia ver-se sem domicílio fixo, e mais de dois franceses em cada três pensam que o futuro de seus filhos será pior que o seu. Trata-se de uma crise no céu da democracia que, como a nuvem da erupção vulcânica, escurece o horizonte de nossos contemporâneos. Jean Jaurès não cansou de nos avisar: o pior, para uma democracia, é a ausência de autoconfiança. Mas, na falta de pão, nossa sociedade do espetáculo, ávida por emoções coletivas, oferece-nos uma espécie de *reality show*: por exemplo, nos dias de hoje, a "perda de

[1] Roland Gori é psicanalista (em Marselha) e professor emérito de várias universidades. Publicou diversos livros e é fundador do movimento Appel des Appels. Uma versão mais extensa deste texto foi publicada em *L'Humanité*, 24 abr 2010.

virgindade" de Michel Onfray pelo *Livro negro da psicanálise*, esse pot-pourri de textos heteróclitos que nos convidava há cinco anos a "viver, pensar e melhorar sem Freud". Que programa!

De minha parte, admito ter outras obras literárias como fontes de fantasias eróticas. Mas cada um com seu gosto. Com seu autor também. O Kant de Michel Onfray não é o meu, tampouco seu Nietzsche. E menos ainda seu Freud. Cada qual com o autor que merece.

O problema para mim, nesse caso, é o alvoroço midiático que acompanha a promoção desse panfleto. Essa encenação vem enfumaçar a paisagem filosófica e cultural do debate de ideias, das exigências sociais e das prioridades políticas que, não obstante, a situação atual exige. Muito barulho por nada... Eis o que é importante. Importante como sintoma de nossa civilização.

Importante como revelador dessa reificação das consciências característica de nossas sociedades, nas quais apenas a forma mercantil é dotada de valor, fixada por um preço e, como tal, suscetível de exercer uma influência decisiva sobre todas as manifestações da vida social e cultural.

O que valem as afirmações de Michel Onfray sobre Kant ou Freud fora do ibope que sua postura gera e que a lógica midiática levou ao proscênio?

O problema do fetichismo da mercadoria e de seu espetáculo é específico do capitalismo moderno e da sociedade que ele formata. Essa universalidade da forma mercantil e da sociedade do espetáculo está presente de ponta a ponta na estrutura e na função da encenação midiática e promocional do livro de Onfray.

De que prática terapêutica poderia autorizar-se Michel Onfray para julgar a eficácia do método psicanalítico? Em que trabalhos de exegese histórica poderia se validar senão em autores que provocaram o vespeiro do *Livro negro* ou das *Mentiras freudianas* de Bénesteau? A eficácia, nesse caso, não poderia proceder, portanto, senão da objetivação mercantil, sobre a qual um autor como Georg Lukács[2] nos ensinou outrora que ela quase sempre se acompanha de uma "subjetividade" tão "fantasística" quanto a realidade à qual aspira.

Um último ponto. Lendo a resposta de Michel Onfray a Elisabeth Roudinesco, na esteira da análise crítica de seu livro, não podemos senão constatar que o nível caiu muito baixo, bem abaixo da cintura. Quando digo abaixo da cintura, estou longe de pensar naquela sexualidade que Freud eleva à dignidade de conceito a partir de um método, sexualidade que ele inscreve na genealogia do Eros platônico; tenho na cabeça o sexo e suas posições tais como as declarações libertinas dos homens os convocam no fim dos banquetes, nos bastidores das contendas esportivas ou na excitação das salas de plantão.

Se fôssemos medir o valor da reflexão intelectual e filosófica de uma sociedade pela estatura dos conceitos que ela construiu e pelos comentários críticos das obras que a precederam, poderíamos legitimamente nos preocupar com a degradação intelectual da nossa.

[2] Georg Lukács, *Histoire et conscience de classe*, Paris, Minuit, 1960.

Coleção Transmissão da Psicanálise

Não Há Relação Sexual
Alain Badiou

Fundamentos da Psicanálise
de Freud a Lacan
(3 volumes)
Marco Antonio Coutinho Jorge

Transexualidade
Marco Antonio Coutinho Jorge;
Natália Pereira Travassos

Por Amor a Freud
Hilda Doolittle

A Criança do Espelho
Françoise Dolto e J.-D. Nasio

O Pai e Sua Função em Psicanálise
Joël Dor

Introdução Clínica à
Psicanálise Lacaniana
Bruce Fink

A Psicanálise de Crianças
e o Lugar dos Pais
Alba Flesler

Freud e a Judeidade
Betty Fuks

A Psicanálise e o Religioso
Phillipe Julien

O Que É Loucura?
Simplesmente Bipolar
Darian Leader

5 Lições sobre a
Teoria de Jacques Lacan

9 Lições sobre Arte e Psicanálise

Como Agir com um
Adolescente Difícil?

Como Trabalha um Psicanalista?

A Dor de Amar

A Dor Física

A Fantasia

Os Grandes Casos de Psicose

A Histeria

Introdução à Topologia de Lacan

Introdução às Obras de Freud,
Ferenczi, Groddeck, Klein,
Winnicott, Dolto, Lacan

Lições sobre os 7 Conceitos
Cruciais da Psicanálise

O Livro da Dor e do Amor

O Olhar em Psicanálise

Os Olhos de Laura

Por Que Repetimos os Mesmos Erros?

O Prazer de Ler Freud

Psicossomática

O Silêncio na Psicanálise
J.-D. Nasio

Guimarães Rosa e a Psicanálise
Tania Rivera

A Análise e o Arquivo

Freud – Mas Por Que Tanto Ódio?

Lacan, a Despeito de Tudo e de Todos

O Paciente, o Terapeuta e o Estado

A Parte Obscura de Nós Mesmos

Retorno à Questão Judaica

Sigmund Freud na sua Época
e em Nosso Tempo
Elisabeth Roudinesco

O Inconsciente a Céu Aberto
da Psicose
Colette Soler